Telefonieren
professionell und überzeugend

Telefonieren

professionell und überzeugend

Von Helmut Dittrich

humboldt-taschenbuch 720

Der Autor:
Helmut Dittrich, lange Jahre Personalchef und Dozent in der Erwachsenenbildung, hat zahlreiche Bücher zum Thema Kommunikation verfaßt.

Umschlaggestaltung: Wolf Brannasky, München
Umschlagfotos: Walter L. Küchler, München

© 1994 by Humboldt-Taschenbuchverlag Jacobi KG, München
Druck: Presse-Druck Augsburg
Printed in Germany
ISBN 3-581-66720-7

1 2 3 * 96 95 94

Inhalt

Vorwort

Telefonieren – eine ganz alltägliche Handlung, und dennoch steht mehr dahinter, als man annimmt. Ein paar Minuten Informations- oder Gedankenaustausch, eine Anfrage, etwa nach dem persönlichen Wohlergehen oder im beruflichen Bereich nach Produkten und Preisen, nach einer freiwerdenden Stelle, oder in manchen Fällen auch ein Ruf um Hilfe.

Ob im privaten oder beruflichen Bereich, ein Telefonat kann schnell, unbürokratisch und zielstrebig Kontakte herstellen, vertiefen oder abbrechen. Eine Eigenschaft, die tausendfach und in vielen Variationen in der täglichen Kommunikation genutzt wird – manchmal mehr schlecht als recht. Denn nicht jeder beherrscht die Kunst des Telefonierens und »vermasselt« nicht selten eine an sich gute Ausgangsposition. Dabei kann das Telefon ein bedeutendes Erfolgsinstrument sein, wenn es richtig genutzt wird. Erforderlich sind meist nur einige kleine Änderungen in der jeweiligen Vorgehensweise, das heißt in der individuellen Strategie der Gesprächsführung und des Umgangs mit Menschen. Im Vordergrund steht jedoch nicht allein die Technik der besseren Kommunikation – während des Telefongesprächs sind Ausstrahlung und Überzeugungskraft, Sensibilität für Stimmungen, für Ton und Takt sowie Natürlichkeit und Gelassenheit gleichermaßen wichtig.

Telefonieren kann aufregend sein wie ein Abenteuer: Sie können freundlich behandelt werden, Menschen nahekommen und Freundschaften schließen, Sie können Zeuge von persönlichen Krisen und Katastrophen werden, den Gesprächspartnern Unbehagen bereiten oder unsanft aus der Leitung befördert werden. Telefonieren kann über Ihr privates und berufliches Glück entscheiden. Wichtigster Grundsatz für alle, die mit dem Telefon umgehen, ist, daß hinter all den zu vermittelnden Fakten Menschen und ihre Gefühle stehen. Deshalb ist es oft entscheidender, wie wir etwas sagen, nicht was wir sagen. Unser Verhalten hat tausenderlei Facetten – Reden, Schweigen und Überzeugen am Telefon wollen gelernt sein.

Dieser Ratgeber will Ihnen helfen, den »richtigen Draht« zu finden und Ihre persönliche Bestform zu erreichen. Bewährte und erprobte Methoden zeigen Ihnen den Weg zum persönlichen Erfolg. Mit Hilfe der Telefonpsychologie können Sie im privaten und beruflichen Bereich mehr und bessere Kontakte finden, Geschäfte anbahnen und realisieren, kurz: sicherer, wirkungsvoller und überzeugender telefonieren. Sie erhalten ferner Ratschläge, wie Sie gekonnt, erfolgreich und nahezu unschlagbar Telefonmarketing betreiben.

Eine Darstellung der gängigsten Kommunikationsgeräte erleichtert Ihnen den Umgang mit der Technik.

Autor und Verlag

Die Kommunikation über das Telefon

Wer glaubt nicht von sich, daß er mit dem Telefon meisterhaft umgehen kann? Dennoch zeigt sich auch bei sehr guten »Telefonierern« und »Telefoniererinnen« immer wieder, daß die Effektivität bedeutend gesteigert werden kann – naturgemäß schneller und leichter als bei denen, die bisher nur wenig und ungeschickt mit diesem wesentlichen Kommunikationsmittel umgehen.

Was aber heißt, meisterhaft zu telefonieren, Wirkung und Resultate zu erzielen? Rationelles Telefonieren heißt immer, mit geringen Kosten bzw. in einer angemessenen Zeit ein hohes Maß an Informationen, an Aussage und Effektivität zu erreichen. Um es vorwegzunehmen: Es ist ein weitverbreiteter Irrtum, daß die Wirkung eines Telefonats mit dessen Kürze zunimmt – sehr oft brauchen wir eine Mindestzeit, um überhaupt etwas zu erreichen.

Zweitens muß sich jeder, der erfolgreich telefonieren möchte, darüber im klaren sein, welchen Effekt er erreichen will und kann. Wichtig ist eine genaue Vorstellung von dem, was bereits vorhanden ist und was ergänzt, vertieft, zusätzlich eingeführt und genutzt werden soll.

Der persönliche Bereich

Das Telefon überbrückt nicht nur Entfernungen innerhalb des Wohnortes, zwischen zwei Städten, Ländern oder Kontinenten, sondern hilft auch, Zeit zu sparen, die wir z. B. für eine Fahrt oder Reise benötigt hätten. Das Telefon bringt Menschen zusammen – wenn wir diese Technik nicht hätten, wären wir wie unsere Großmütter und Großväter auf den Briefverkehr angewiesen, bei denen Monologe stattfänden, aber keine Dialoge über den Raum hinaus. Das gilt selbstverständlich auch für den beruflichen Bereich, wenn auch mit anderen Vorzeichen und Zielsetzungen.

Kontakte aufnehmen und halten

Informationen fallen ständig an – täglich, stündlich –, und sie werden regelmäßig innerhalb eines festen Personenkreises ausgetauscht und übermittelt. Ein Telefonat kann aber wesentlich mehr. Eine Stimme als Informationsträger vermittelt immer auch Sympathie oder Antipathie, schafft eine Beziehung oder wirkt abwehrend, führt zu Vertrauen oder Mißtrauen, vertieft einen Eindruck oder widerlegt ihn mit der Zeit. Alle Informationen sind mit emotionalen Botschaften verquickt. Ein Beispiel: Wir lernen jemanden kennen – im Restaurant, auf einem Ball oder wo auch immer –, wollen ihn wiedersehen und versuchen meist telefonisch einen weiteren Kontakt herzustellen. Als Alibi dient uns eine Information (Neuigkeit, zweiter Treffpunkt), im Hintergrund jedoch steht das Emotionale, die Sympathie für den anderen. Das Telefon eignet sich bestens für diese »versteckte Annäherung«, auch um eine so entstandene Beziehung zu vertiefen. Auch andere zwischenmenschliche Beziehungen leben vom Telefonieren – ein Anruf bringt Freunde und Bekannte wieder in Erinnerung, hält eine Verbindung aufrecht. Sogar in extremen Fällen.
Mobilität ist eines der Kennzeichen unserer Zeit; private Ziele oder berufliche Aufgaben können uns weit wegführen, sogar in andere Kontinente. Wie soll da aus einem Kennenlernen eine Freundschaft werden, vielleicht eine Liebesbeziehung auf Dauer? Es gilt wieder – Schreiben ist Monolog, Telefonieren Dialog. Am Hörer kann man die momentanen Gefühle ausdrücken, vermitteln, die Sehnsucht mitteilen. Was wäre Freundschaft ohne Telefon, wie lange würde sie bestehen?

Einsamkeit überwinden – Rat und Hilfe finden

Wir werden heute älter, als das früher der Fall war. Oft ist die Gesundheit angegriffen, die Beweglichkeit eingeschränkt. Viele alte Menschen kämpfen mit der Isolierung, der Einsamkeit und Abgeschiedenheit. In vielen Fällen bleibt zu den Kindern, den Enkeln oder anderen Menschen über lange Zeit eine einzige Verbindung offen – das Telefon. Es ist für Senioren, Kranke und

Alleinstehende eine der segensreichsten Einrichtungen unserer Zeit. Es läßt teilhaben am Leben der Lieben, obwohl vielleicht Hunderte oder Tausende von Kilometern dazwischenliegen.

Und was man nicht vergessen darf: Telefone retten jede Minute Leben. Ob dies der Unfall um die Ecke ist oder der Notfall zu Hause – ein Anruf, und Hilfe ist unterwegs. Es muß aber nicht immer gleich so tragisch sein, auch seelische Not kann Schmerzen bringen. Oft genügen einige Worte, um das Gleichgewicht wieder zu erreichen, das Leben wieder von der positiven, der optimistischen Seite zu sehen. Sicher haben diese Beispiele Ihnen vor Augen geführt, daß Telefone eben nicht nur nüchterne Informationsübermittler sind; sie können für viele Menschen die Verbindung zur Außenwelt, die Nabelschnur zum Leben, der Draht zur Familie sein. Das Telefon hält den Kontakt mit einer Gemeinschaft aufrecht.

Der berufliche Bereich

Wenn über sinnvolles Arbeiten im Beruf gesprochen wird, so steht immer die Frage nach den Möglichkeiten der Arbeitsrationalisierung, dem Erreichen eines größeren Effektes in noch kürzerer Zeit, mit geringerem Aufwand im Vordergrund. Dieses Wirtschaftlichkeitsprinzip schafft leistungsfähige Unternehmungen und Organisationen, mehr Wohlstand für alle. Gezieltes, zeitsparendes und psychologisch gekonntes Telefonieren gehört zu den wirksamsten Maßnahmen der Rationalisierung, die im Geschäftsleben eingesetzt werden.

Geschäfte anbahnen und führen

Telefonieren ist die rascheste, die wirksamste und in der Regel preiswerteste Verbindung zu geographisch weit entfernten Personen. Durch den Dialog, die augenblickliche Sachabklärung auch von Einzelheiten wird nicht nur eine sachliche Kommunikation erreicht, sondern auch eine persönliche Beziehung aufgebaut und erhalten. Bei der heute in der Arbeitswelt üblichen Entpersönlichung ist dieser Kontakt kaum zu überschätzen. Das ist besonders deshalb wichtig, weil der technische Fortschritt in weiten Bereichen zu einer Verselbständigung und Mechanisierung der Arbeitsabläufe geführt hat. Kontakt und Dienstleistung über Telefon erhalten daher eine hohe Bedeutung.

Telefonwerbung und -marketing

Zum Telefonmarketing gehören alle Tätigkeiten, ein Produkt oder eine Dienstleistung per Telefon zu fördern, dafür zu werben, es zu verkaufen, ja selbst Reklamationen zu erledigen. Dazu zählen Kundenanrufe, eigene und Kundenanfragen, die Klärung von Terminen und Sachfragen, der Hinweis auf besonders günstige Angebote oder Produkte und vieles andere mehr. Telefonmarketing vermeidet kostenintensive Reisen und Besuche, spart viel Zeit und Geld und sorgt für volle Auftragsbücher. Es kann mit anderen Werbemöglichkeiten »gemixt« werden, und so noch höhere Erfolge erzielen. Moderne Telefontechnik mit speziell ausgestatteten Arbeitsplätzen und Computerunterstützung gehören heute zu jedem professionellen Telefonmarketing-Betrieb. Verkaufen vom Schreibtisch aus lebt von der Verhandlungsführung per Telefon. Zwar gelten die üblichen Verhandlungsregeln, jedoch stehen dem Verkäufer am Telefon weder Muster noch Kataloge zur Verfügung, noch der direkte körperliche Kontakt. Er muß deshalb einen Ausgleich schaffen. Die Gedankenketten müssen noch klarer sein, die Darstellung bildhafter, die Ziele prägnanter, die Diskussion positiver. Mit speziellen Schulungen kann eine hohe Kunstfertigkeit erreicht werden, deren Grad oft an der Anzahl der Stammkunden abzulesen ist. Für die Bereiche Verkauf und Dienstleistung läßt sich allgemein sagen, daß die meisten Geschäftsabschlüsse telefonisch vorbereitet werden.

Sondertechniken bringen zusätzlich eine Fülle von Möglichkeiten, die Konferenzschaltung ist nur eine davon. Auch Videokonferenzen sind heute an der Tagesordnung. Jede Technik, alt oder neu, fordert eine spezielle Verwendung und besondere Verhaltensweisen. Informieren Sie sich darüber auf Seite 21ff.

Die Bewerbung per Telefon

Die Ausschreibung einer guten Arbeitsstelle kann einer Firma heute durchaus 300 bis 500 Angebote bringen, was naturgemäß eine Fülle von Sichtungs- und Auswahlarbeit verursacht. Trotzdem kann die Qualifikation eines Bewerbers ohne klärendes Gespräch nicht sicher festgestellt werden. Viele Betriebe gehen daher dazu über, in der Ausschreibung eine telefonisch erreichbare Kontaktperson zu nennen, die allein durch den Telefoneindruck eine Vorauswahl trifft. Die Kontaktaufnahme muß also gut vorbereitet sein, ebenso bei sogenannten Blindbewerbungen bzw. unaufgeforderten Kontaktanrufen, die bei sachgerechtem Vorgehen hohe Chancen haben, vorausgesetzt sie treffen auf einen vorhandenen Bedarf. Ohne Telefon, und sei es nur zur Terminabsprache, läuft auch in diesem Bereich nichts mehr.

Telefonieren – der Kontakt ohne direkte Konfrontation

Die Auseinandersetzung mit dem Ganzheitsdenken der östlichen Kulturen zeigt, daß unser westliches logisches Denken nur *ein* Weg zur Erkenntnis ist.

Immer mehr setzt sich die Überzeugung durch, daß unsere Entscheidungsfindung, unsere Reaktionen auf die verschiedensten Reize nur zu einem sehr geringen Teil von der Logik bestimmt sind, daß Intuition, Gefühl, Gemüt, sensibles Empfinden eine ungleich größere Bedeutung haben.

Gerade im zwischenmenschlichen Bereich spielen Emotionen eine große Rolle: Sie werden verstärkt durch die Anwesenheit von Partnern und Gegnern – allein werden nur wenige Menschen ihrem positiven oder negativen Gefühlen freien Lauf lassen. In all jenen Fällen, in denen eine direkte Konfrontation nicht möglich ist, hilft die Technik weiter. Das Telefon erlaubt nicht nur Kommunikation, sondern auch den direkten Austausch von Gefühlen – gleich ob es sich um eine Auseinandersetzung oder eine Liebeserklärung handelt. Und es überträgt mit dem Klang, dem Timbre, den Schwingungen der Stimme vieles von der Gemütslage des Gesprächspartners. Sicher, ein Telefonat kann ein persönliches Treffen nicht ersetzen – vom Bildtelefon der Zukunft einmal abgesehen. Aber es schafft nicht nur augenblicklich den Kontakt, es bringt uns auch Nähe, persönliches Empfinden und ein Gefühl für den Telefonpartner. Wir können kommunizieren, ohne den anderen zu sehen – Dinge sagen, die man im persönlichen Kontakt verschweigen würde. Offen und direkt sein, ohne das Gesicht zu verlieren. Und das ist mit eine der Hauptursachen für den Siegeszug dieses Kommunikationsmittels.

Checkliste: Nutzen Sie die wesentlichen Möglichkeiten des Telefons?

- Halten Sie telefonisch in ausreichendem Maße wichtige private und berufliche Verbindungen aufrecht?

  ☐ ja ☐ nein

- Gewinnen Sie – privat und beruflich – gezielt neue Kontakte?

  ☐ ja ☐ nein

- Vermeiden Sie unnötige Wege, indem Sie schnell und sicher die Angelegenheit telefonisch erledigen?

  ☐ ja ☐ nein

- Nehmen Sie wichtige Telefondienste in Anspruch, die speziell informieren (Auskunft, Sonderansagen)?

  ☐ ja ☐ nein

- Erleichtern Sie sich das Telefonieren durch neue, zusätzliche Geräte? ☐ ja ☐ nein

- Vereinbaren Sie telefonisch Termine, um die gewünschten Personen auch wirklich anzutreffen? ☐ ja ☐ nein

- Aktivieren Sie hin und wieder »kalte Adressen« per Telefon? ☐ ja ☐ nein

- Kündigen Sie Warendemonstrationen, Messen, Ausstellungen und Eröffnungen telefonisch an? ☐ ja ☐ nein

- Rufen Sie regelmäßig Ihre Kunden an, um sich zu erkundigen, ob sie mit Ihrer Arbeit zufrieden sind?

  ☐ ja ☐ nein

- Klären Sie sofort offene Fragen in privaten oder geschäftlichen Gesprächen? ☐ ja ☐ nein

- Verwenden Sie das Telefon für die Übermittlung von Tips, Angeboten u. dgl.? ☐ ja ☐ nein

- Gewinnen Sie abgesprungene Kunden über das Telefon zurück? ☐ ja ☐ nein

- Fassen Sie telefonisch nach, um Ihre Aktionen abzusichern. ☐ ja ☐ nein

- Weisen Sie per Telefon auf besonders günstige Möglichkeiten hin? ☐ ja ☐ nein

- Nutzen Sie das Telefon, um zu Geburtstagen, Jubiläen oder anderen Anlässen zu gratulieren? ☐ ja ☐ nein

Sicher fallen Ihnen noch eine ganze Menge anderer Einsatzmöglichkeiten ein, das Telefon sinnvoll zu nutzen. Erstellen Sie einfach eine Liste und ordnen die Punkte nach Priorität und Nutzen (Effekt, Zeiteinsparung und ähnliches). Sie werden sehen, daß diese Liste von Woche zu Woche länger wird. Spezialisieren Sie sich dann auf einen Schwerpunkt, und versuchen Sie Ihren Erfolg zu erhöhen. Anregungen finden Sie in den folgenden Darstellungen.

Der Weg zum Erfolg

Haben Sie sich schon mal selbst beim Telefonieren überprüft? Ist es eine Tätigkeit geworden, die so selbstverständlich ist, daß Sie keinen Gedanken mehr daran verschwenden, etwas zu verbessern? Die wenigsten sind Meister im Telefonieren, vielmehr werden häufig Fehler gemacht, die meist unerkannt bleiben.

Profis werden
- sich beim Gespräch ausschließlich auf den Partner konzentrieren,
- sie oder ihn mit dem Namen anreden,
- nicht ohne Grund und Not unterbrechen,
- sich nicht erregen, verärgern, unsachlich werden,
- sich vergewissern, verstanden worden zu sein,
- kurz, gehaltvoll und persönlich reden, nicht zu leise oder zu schnell, immer ruhig,
- fragen und Interesse zeigen,
- immer klar ja oder nein sagen,
- zusammenfassen und bestätigen,
- mit guter Betonung, dynamisch und lebendig sprechen,
- ein Gespräch freundlich und verbindlich beenden.

Wie oft verstoßen Sie gegen diese einfachen Grundregeln? Denken Sie daran, Fehler wirken bei einem Telefonat härter als bei einem Brief! Mündliche Formulierungen müssen klar und treffend sein, Kernaussagen können nicht mehr verändert werden, und die Bedenkzeit ist wesentlich kürzer – jedes Wort zählt. Auch kennen Telefonate im Vergleich zu direkten Gesprächen keinen

Blickkontakt, Signale der Körpersprache können nicht wahrgenommen werden, Schweigen irritiert, und die Gefahr von Mißverständnissen ist groß. Sie haben jedoch einen wesentlichen Vorteil: Negativ wirkende Signale bleiben beim Telefonieren verborgen.

Kommunikation ist nie einfach, beherrscht man sie aber – vor allem in Form des professionellen Telefonierens –, kann man beachtliche Erfolge erzielen. Profi wird man durch Selbstkontrolle, durch Verbessern, durch Anwendung von erprobten Verfahren und Techniken, durch ständige Übung und Vervollkommnung, nicht zuletzt auch durch wachsende Menschenkenntnis.

Technik und Verwendung von Telefon und Zubehör

Die Technik des Telefons befindet sich in einer Phase der rapiden Weiterentwicklung, was vor allem darauf zurückzuführen ist, daß das Monopol der Post nach und nach abgebaut wird. Sehr aufwendige Anlagen werden wohl auch weiterhin der beruflichen Nutzung vorbehalten bleiben, doch nimmt das Interesse des Verbrauchers auch für den privaten Bereich ständig zu. Warum auch nicht, denn jede Rationalisierung der privaten »Verwaltung« läßt sich schließlich mit Freizeit aufwiegen.

Zunächst möchte ich Ihnen einen kleinen Überblick über die Entwicklung des Telefons geben, dann die Standardtechnik, den Telefonarbeitsplatz und die Sondertechniken vorstellen und nicht zuletzt auch Tips zur Arbeitsrationalisierung mit Hilfe des Telefons anbieten.

Herkunft und Funktionsweise des Telefons

Das griechische Wort Telefon heißt übersetzt »Fernton«, die Übertragung erfolgt mittels elektrischer Ströme. Es wurde von Philipp Reis im Jahr 1861 erfunden – das erste einsetzbare Telefon wurde jedoch erst 1876 von Alexander Graham Bell erstellt und ab 1878 verwendet. Bereits 1880 entstand in der Schweiz das erste Telefonnetz. Seit diesem Zeitpunkt hielt das Telefon seinen Siegeszug in die ganze Welt, seine Anwendungsbreite nahm kontinuierlich zu. Heute ist die Telefontechnik längst nicht mehr auf die Sprache beschränkt, denken sie nur an das Fernsehtelefon, das Telefax für Schriften und Bilder oder die Direktverbindungen zwischen Computern. Laufend kommen neue Anwendungen dazu.

Wie funktioniert das Telefon? Stark vereinfacht dargestellt bringen unsere Stimmbänder beim Sprechen die Luft zum Schwingen; eine Membran übernimmt diese Schwingungen und wandelt sie in elektrische Ströme um. Diese werden durch Leitungen – auch durch Funk – zum Partner »geleitet« und über einen Elektromagnet und eine Membran wieder in Töne umgewandelt, die wir über das Gehör wahrnehmen. Diese bis heute übliche Art der Übertragung beruht auf der sogenannten Analogtechnik. Die Zukunft freilich gehört der digitalen Telekommunikation, wie sie zum Beispiel schon in den D-Mobilfunknetzen Verwendung findet. Dabei werden die beschriebenen Schwingungen in elektrische Impulse umgewandelt und – kleinen »Datenpaketen« vergleichbar – an den Empfänger weitergeleitet. Die Vorteile: bessere Übertragungsqualität und breitere Nutzungsmöglichkeiten (Datenübertragung, Bildtelefon usw.).

Standardtechnik beim Telefon

Ein Telefon allein macht noch keinen Telefonarbeitsplatz aus. Wichtig sind auch Ausstattung des Arbeitsplatzes und Zubehör. Im folgenden möchte ich Ihnen Ratschläge für den Ausbau und die Gestaltung geben, so daß Sie privat und beruflich, z. B. beim Telefonmarketing, mehr Effizienz erreichen können. Die Darstellung geht dabei Schritt für Schritt vor und erlaubt Ihnen so, sich Informationen – je nach Bedarf oder Interesse am komfortablen Telefonieren – zu holen.

Der Telefonarbeitsplatz

Lassen Sie uns hier nicht überlegen, welchen Apparat Sie als Grundausstattung wählen sollen, einen Wand- oder Tischapparat, eine Reihenanlage, z. B. mit Linientasten, oder gar eine selbständige Vermittlungseinrichtung oder eine Vorzimmeranlage, bei der mitgehört oder mitgesprochen werden kann. Klären Sie das in Ruhe anhand von Angeboten oder Katalogen – wichtig ist Ihr persönlicher Bedarf.

Ich möchte mit Ihnen die Grundlagen klären, Ihnen Anregungen zur rationellen Gestaltung des Arbeitsplatzes geben, was die ergonomische, angenehme, effektive und zweckmäßige Form betrifft.

Darauf sollten Sie achten:

- Vermeiden Sie Wege; alles, was Sie brauchen, muß in Griffweite liegen.
- Arbeitet man beruflich, empfiehlt sich eine Ergänzung des Schreibtisches durch einen im rechten Winkel dazu stehenden Computer- oder Schreibmaschinentisch. Im privaten Bereich reicht eine x-beliebige Schreibfläche.
- Verwenden Sie einen auf die Dauer Ihrer sitzenden Tätigkeit abgestimmten Stuhl. Für die berufliche Nutzung ist ein dreh- und höhenverstellbarer Bürostuhl ratsam, der »dynamisches« Sitzen erlaubt (rückfedernde Rückenlehne) und fünf Füße (am besten mit Rollen) haben sollte.
- Positionieren Sie den Stuhl so, daß Sie durch Drehen und ohne aufzustehen alles erreichen, was Sie brauchen.
- Die Basisausstattung des (Schreib-)Tisches besteht je nach Tätigkeit aus einer Schreibunterlage, einer Ablage für die Schreibgeräte, einem Telefonverzeichnis, Notizbüchern, Notizzettel, Schreibutensilien und einem Terminkalender.
- Sinnvoll sind ferner Rollschränke oder -regale für Aktenordner, Mappen oder besser Hängeregistraturen.
- Ungeeignet und störend sind lärmerzeugende Geräte, Gespräche oder Lärm aus dem Hintergrund, Radio-, TV- oder Abspielgeräte. Als Grundsatz gilt: Sie sollen bequem und locker in einer entspannten Atmosphäre telefonieren können.
- Und schließlich: Wählen Sie das für Sie passende Telefon aus. Folgende Hauptgruppen gilt es zu unterscheiden:
  - einfache Telefone mit nur wenigen Sonderfunktionen,
  - Komforttelefone mit oftmals mehr als einem Dutzend Sonderfunktionen; besonders für den professionellen Einsatz geeignet,
  - handliche Kompakttelefone (Tastatur im Hörer),
  - Sondertelefone (z. B. Nostalgie-Design),
  - schnurlose Telefone, die eine feste Empfangsstation in der Wohnung oder im Haus voraussetzen. Deshalb nicht zu verwechseln mit den mobilen Funktelefonen.

Was Sie sich an zusätzlichen Hilfen leisten sollten

Das Leben kann durch relativ kleine Dinge um vieles angeneh-mer werden, andererseits ist Ordnung eine raffinierte Art, um Zeit zu sparen – und die können wir immer gut gebrauchen. Ich schlage Ihnen vor:

- Drucktasten statt Wählscheibe, das sollte heute selbstver-ständlich sein, zumal selbst einfache Geräte über eine Tastatur verfügen.
- Eine Wahlwiederholungstaste (die letztgewählte Nummer wird gespeichert). Komforttelefone mit Display-Anzeige sind zudem in der Regel mit einer erweiterten Wahlwiederholung ausgestattet. Das heißt, die entsprechende Rufnummer wird gespeichert. Sie können zwischenzeitlich andere Teilnehmer anrufen und später erneut die programmierte Nummer auto-matisch anwählen lassen.
- Ein Telefonnotizblock zum Festhalten von Informationen wie Adressen, Telefonnummern, Bestellungen, Angebotsverlangen oder Reklamationen. Für berufliche Zwecke empfehlen sich spezielle Vordrucke, die man in Bürobedarfsgeschäften erhält.
- Ein alphabetisches Verzeichnis der wichtigsten Telefonpartner privat und beruflich; innerhalb von Betrieben spart eine Mit-arbeiterliste Sucharbeit.
- Adreßbücher sind nur im privaten Bereich geeignet, beruflich sind Klappregister mit mehreren hundert Stellen, am besten auf einem Dreh- oder Tischständer, besser.
- Und wenn es zu viele Adressen und Telefonnummern sind, soll-ten Sie überlegen, ob Sie nicht zu einer elektronischen Num-mern-Wähleinrichtung greifen. Komforttelefone ermöglichen es ohnehin, häufig anzuwählende Nummern zu speichern und mit einer Kurzwahl (ein- oder zweistellig) zu versehen.
- Telefonbücher bringen Sie auf einem Telefonboy oder einem anderen Träger unter, damit Ihnen die Arbeitsfläche darunter freibleibt.
- Dasselbe gilt für das Telefon – sehr geeignet ist ein drehbarer Telefonträger zum Hin- und Herschwenken. So kann auch ein Gast oder ein Kollege vor dem Schreibtisch gut an das Telefon heran.

- Für Schwerhörige sind spezielle Vorrichtungen und Umschaltmöglichkeiten im Telefonapparat und Hörgerät ratsam.
- Lauthörgeräte – bitte die Bestimmungen beachten – erlauben mehreren Personen das Mithören eines ankommenen Gesprächs und eine Regelung der Lautstärke. Weitere Vorteile sind das Freibleiben der Hände und die Möglichkeit, daß sich mehrere Personen an dem Gespräch beteiligen können. Dies gehört heute zu den Selbstverständlichkeiten moderner Komforttelefone.

Bei aller Liebe zum Zubehör vergessen Sie bitte nicht, daß ein Telefonarbeitsplatz durch die Telefonhilfen auch stark überladen werden kann, so daß sich die Verbesserungen entgegen ihrer Bestimmung nachteilig auswirken. Die Beschränkung auf das Notwendige verhindert diesen »Umkipp-Effekt«. Für das berufliche Telefonieren gibt es weitere Zusatzgeräte.

Kopfhörer und Sprechzeug

Ist sehr viel störungsfrei zu telefonieren, wie das z. B. beim Telefonmarketing nötig ist, wird der Telefonarbeitsplatz meist in einer schalldichten Kabine eingerichtet.

Zunehmend arbeitet man auch in kleinen Teams mit 2 bis 3 Personen; allerdings werden dann Kopfhörer verwendet, die die Konzentration verbessern, weil alle Nebengeräusche abgeschirmt werden.

Die Kopfhörer besitzen spezielle, gut gepolsterte Hörmuscheln, die auch bei langer Nutzung weder behindern noch schmerzen. Das Mikrophon schwebt in genau dem richtigen Abstand vor dem Mund, was zu einer ausgezeichneten Tonwiedergabe führt. Ohne Schwierigkeiten kann entweder auf dem Notizblock geschrieben oder über die Computertastatur eingegeben werden.

Wenn Sie privat viel telefonieren müssen, sind neben den bereits genannten Lauthörgeräten, bei denen Sie nicht in die Muschel sprechen müssen, auch die Kopfhörer mit Sprechzeugen ein wahrer Segen. Das gilt nicht nur für Kranke und Behinderte, auch Gesunde werden auf derartige Hilfen nicht mehr verzichten wollen, haben sie einmal die Vorteile kennengelernt.

Adressen- und Telefonregister, Wählhilfen

Elektronische Telefonregister mit Wahlwiederholung, Nummern-speicher und Anrufweiterleitung innerhalb des Hauses oder Be-triebs sind für Vieltelefonierer eine echte Arbeitserleichterung.
Das ständige Suchen und Wählen der vollständigen Nummern entfällt – und ist die Telefonanlage mit Nebenstellen ausgerüstet, kann jedes eintreffende Telefonat angenommen werden.
Diese Annehmlichkeit ist heute auch mit einfachen Personal-computern zu erreichen, die mit entsprechender Software (bitte die Bestimmungen der Bundespost beachten) in der Lage sind, jede einmal gespeicherte Telefonnummer zu wählen, auch in Kombination mit anderen. Ferner »erinnern« die Computer nach Vorgabe an nötige und zugesagte Gespräche, und gespeicherte Daten sind jederzeit nach entsprechenden Kriterien abrufbar.

Anrufbeantworter

Telefonanrufbeantworter geben Hinweise auf die Erreichbarkeit des Betroffenen. Mit Gesprächsaufzeichnungen können Bot-schaften entgegengenommen werden. Manche Geräte lassen sich auch als Lauthörgeräte verwenden und speichern Datum und Uhrzeit des Anrufes. Setzen Sie einen Anrufbeantworter ein, ach-ten Sie bitte darauf, daß die Ansagetexte so natürlich wie möglich auf das Band gesprochen werden. Dadurch nehmen Sie Anrufern die Hemmung, Nachrichten oder Wünsche durchzugeben und später wieder anzurufen.
Empfehlenswert sind Geräte mit einer Fernabfrage. Diese ak-tiviert Ihren Anrufbeantworter mittels eines Codes oder eines Signals und erlaubt Ihnen, von jedem beliebigen Telefon aus die eingetroffenen Telefonate abzuhören. Im Telefonbuch sind An-rufbeantworter mit dem Zeichen ⊘ vermerkt. Ist nur ein An-schluß vorhanden, so empfiehlt es sich, Kombigeräte einzu-setzen. Diese unterscheiden automatisch, ob es sich bei einem eingehenden Ruf um ein Fax oder um ein Telefongespräch han-delt. Entsprechend stellt das Gerät die Weichen: entweder zum Fax oder aber zum Anrufbeantworter. So versäumen Sie bei Ab-wesenheit weder wichtige Fax-Mitteilungen noch Anrufe.

Wie Ansagetexte am wirkungsvollsten gestaltet werden können, zeigen Ihnen folgende Beispiele:

Beispiel 1 (Privatperson):
»Guten Tag, Sie sind mit dem Anrufbeantworter von..., Telefonnummer... verbunden. Ich bin zur Zeit unterwegs, aber täglich ab 19 Uhr erreichbar. Wenn ich zurückrufen soll, geben Sie bitte Ihren Namen, die Telefonnummer sowie die gewünschte Anrufzeit an. Bitte sprechen Sie nach dem Pfeifton!«

Beispiel 2 (Privatperson):
»Hallo, Sie sind mit dem Anrufbeantworter von..., Telefonnummer... verbunden. Ich rufe so bald es geht zurück, wenn Sie mir Ihren Namen und Ihre Telefonnummer verraten. Bitte sprechen Sie nach dem Pfeifton!«

Beispiel 3 (Firma):
»Guten Tag, hier ist der Anrufbeantworter der Firma..., Telefonnummer... Bitte geben Sie Ihren Namen, den Firmennamen, die Rufnummer und Ihre Wünsche an. Wir rufen Sie dann umgehend zurück. Bitte sprechen Sie nach dem Pfeifton!«

Ihr Ansagetext auf dem Anrufbeantworter ist eine Visitenkarte besonderer Art. Sie werben mit ihm für sich selbst. Versuchen Sie ruhig mehrere Fassungen, bis Sie den besten und wirkungsvollsten einsetzen.

Als Schlußtext empfiehlt sich eine kurze und bündige Formulierung, z. B.: »Die Sprechzeit ist leider zu Ende. Auf Wiederhören.« Die Länge der Ansagetexte wird oft durch die technischen Gegebenheiten des Anrufbeantworters bestimmt. Bei geringer Aufzeichnungskapazität nennen Sie nur das Allerwesentlichste (Anschluß, Name). Aber auch bei großer Kapazität beschränken Sie sich bitte auf das Nötige, wie in den Beispielen angegeben, um dem Anrufer nicht die Geduld zu rauben.

Anrufweiterschaltung und andere Telefondienste

Diese »Leistung«, GEDAN (Gerät zur dezentralen Anrufweiter-
schaltung) genannt, besteht aus einer telefonischen Auftragsan-
nahme rund um die Uhr – gegen eine Gebühr werden (z. B. bei
Abwesenheit des Teilnehmers) Gespräche an eine Telefonnummer weitergeleitet, unter der eine Entgegennahme möglich ist.
Wichtig für den Anrufer: Unabhängig davon, wohin sein Telefo-
nat weitergeschaltet wird, zahlt er nur die Gebühren bis zum so-
genannten GEDAN-Knoten.
Für die Weiterschaltung können Sie einen Standardtext oder
einen speziellen, mit der Bundespost vereinbarten Text einsetzen.
Anrufweiterschaltungen ersparen Ihnen ein ständig besetztes
Telefon oder Büro und ermöglichen eine ständige Erreichbarkeit.
Ihre Kunden oder Freunde erreichen Sie weiter zum Ortstarif!
Eine besondere Dienstleistung bietet die Bundespost mit ihrem
»Service 130«. Bei entsprechender Installation wird die Mög-
lichkeit gegeben, daß Sie zum Ortstarif angerufen werden – die
Differenz bei Ferngesprächen zahlt der Inhaber der 130er-Num-
mer. Genutzt wird diese Einrichtung vor allem von Unternehmen wie Versandhäusern oder Banken. Erwähnt sei in diesem
Zusammenhang noch der in verschiedenen deutschen Großstäd-
ten schon eingerichtete Sprachspeicherdienst der Telekom. Hier-
unter ist gleichsam ein zentraler Anrufbeantworter mit Fernabfrage zu verstehen, der unter der Ortsnetzkennzahl sowie der
Zugangsnummer 19319 erreicht wird (für Berlin also z. B.
030–19319). Der Nutzer dringt – wie bei einer Fernabfrage –
per Tonfrequenzsender in das Sprachspeichersystem ein. Nachrichten werden in einer sogenannten Sprachbox hinterlegt und
lassen sich über einen bestimmten Verteiler an eine oder mehrere
Sprachboxen weiterleiten. Geht in der eigenen Sprachbox eine
Mitteilung ein, wird der Empfänger durch Eurosignal oder Anruf
benachrichtigt. Darüber hinaus können Nachrichten auch erst zu
einem bestimmten Termin abgesendet werden.

Personensuch- und -rufmöglichkeiten

Hier werden zwei große Varianten genutzt – einmal das Mobiltelefon, zum anderen der »Europiepser«, von der Telekom etwas prosaischer »Eurosignal« genannt. Beide Geräte erlauben eine ständige Erreichbarkeit. Beim Mobiltelefon ist der Teilnehmer direkt erreichbar, beim Piepser müssen Sie ein »Telefon suchen«. Das kann natürlich auch ein Mobiltelefon sein.

Der »Europiepser« wird mittels einer Eurosignalnummer über die Funkzentrale angerufen – der Betreffende weiß dann, daß er mit einer bestimmten Person Kontakt aufnehmen soll. Dies kann so aussehen:

- Das Eurosignal kann anzeigen, daß in der »Sprachbox« der Post ein Anruf eingegangen ist. Die Bandaufzeichnung ist abrufbereit.
- Nimmt der Fernsprechauftragsdienst der Post Namen und Wunsch des Anrufers auf und meldet sich der Europiepser, ist die Auftragsstelle anzurufen.
- Spezielle Anrufbeantworter zeichnen die Gespräche auf und senden über die Funkrufzentrale ein Signal an den Europiepser. Sie hören das Gespräch per Fernabfrage ab und können mit geringer Zeitverzögerung reagieren.
- Moderne Empfangsgeräte haben ein kleines Display, auf dem vier vereinbarte Kurztexte abgelesen werden können.

Im beruflichen Bereich, vor allem bei größeren Firmen, gibt es eine Fülle von Sonderlösungen. Dazu gehören die Einschaltung eines Lautsprechersystems, der Einsatz von optischen und elektronischen Anlagen und die Verwendung einer Funkzentrale mit Hochantenne. Bequemer, weil erheblich kompakter, erscheint der Cityruf. Dabei handelt es sich sozusagen um einen regionalen Europiepser. Vorteile: Cityruf ermöglicht die Übertragung von kurzen Texten. Die Empfangsqualität ist auch in Gebäuden – also zum Beispiel in Restaurants oder im Theater – recht gut. Nachteil: Cityruf erreicht die Teilnehmer nur in regionalen Rufzonen, während der beschriebene »Europiepser« flächendeckend funktioniert.

Gebührenanzeiger und Teilnehmeridentifizierung

Die einfachste Möglichkeit, private und geschäftliche Telefongebühren zu trennen, sind öffentliche Münzfernsprecher (bzw. Kartentelefone). Sie können jederzeit gekauft oder gemietet werden. Viele Betriebe greifen auf diese Möglichkeit zurück.

Gesprächsgebühren für Selbstwählgespräche können aber auch mit einfachen Gebührenanzeigern in der Form von Zählern oder mit komplexen, elektronisch gesteuerten Zählsystemen in Haus- oder Betriebsanlagen erfaßt werden.

Teilnehmerkontrolldrucker halten dabei die Daten einzelner Gespräche fest. Zur Gebührenkontrolle sind auch Magnetbänder oder Disketten verwendbar. Die Werte können durch EDV weiterverarbeitet werden – beispielsweise mit Gehaltskonten verrechenbar –, allerdings sind hier rechtliche Fragen zu beachten. Bei internationalen Gesprächen sind in einfachster Form Tabellen, bei größerem Umfang eine elektronische Umrechnung üblich. Komforttelefone zeigen die Gebühren auf Wunsch im Display an.

Die Identifizierung der Teilnehmer reicht von der einfachen Registrierung des benutzten Telefonapparates bis zur Eingabe der anrufenden Nummer in den Computer – Codezeichen ermöglichen eine vollständige Erfassung und Zuordnung.

Sondertechniken

Im folgendem finden Sie eine Zusammenstellung jener Techniken, die je nach Bedarf sowohl beruflich als auch privat eingesetzt werden können. Die Darstellung beschränkt sich auf die wichtigsten Fakten, Daten und Zusammenhänge und kann keinen Anspruch auf Vollständigkeit erheben.

Mobiltelefone

Die Liberalisierung des Postmonopols hat hier eine Fülle neuer Chancen gebracht.

■ *Autotelefone* erlauben innerhalb des vereinbarten Netzes, das direkte Anrufen aller Anschlüsse in In- und Ausland. Moderne Autotelefone sind durch ihr geringes Gewicht voll transportabel und können z. B. auf eine Baustelle oder zu Kunden mitgenommen werden. Selbst Konferenzschaltungen sind möglich. Gewissermaßen als Weiterentwicklung der Autotelefone sind die sogenannten *Handys* anzusehen; also Handgeräte, die man in der Tasche mit sich führen kann.

■ *Funktelefonnetze* litten in der Vergangenheit oft an Überlastung. Dies hat sich mit Einführung der digitalen D-Netze (also dem D-1-Netz der Telekom sowie dem privaten D-2-Netz von Mannesmann) geändert. Das vor dem Einsatz stehende E-1-Netz schafft überdies weitere Kapazitäten für den Betrieb von Handys. Diese digitalen Funk-Netze sind ISDN-kompatibel, das heißt, man kann sie mit tragbaren Computern oder mobilen Faxgeräten kombinieren.

■ *Schnurlose Telefone*, seit längerem bekannt aus amerikanischen Fernsehserien, sind auch bei uns auf dem Vormarsch. Man findet sie heute bereits in jedem dritten bis fünften Haushalt. Achten Sie bitte auf die Postzulassung! Sinnvoll sind zwei Tastaturen – Standapparat und Hörer – und stabile Sprechmuscheln.

Ein Telefonarbeitsplatz mit stationärer Einrichtung ist zu professionellen Zwecken jedem Mobiltelefon überlegen, nicht nur, weil die Gebühren niedriger sind, sondern auch weil die Empfangsqualität wesentlich besser ist. Jede Einrichtung hat eben spezielle Vor- und Nachteile.

Telekopierer (Faxgeräte)

Mit diesen Zusatzgeräten lassen sich Schriftstücke telefonisch »versenden«. Dies geschieht mittels optischer Abtastung und Umwandlung in elektrische Signale. Die empfangenen Signale werden zum ursprünglichen Schwarzweißbild reproduziert. Man »faxt« je nach System innerhalb von Sekunden oder Minuten ein Schriftstück mit und ohne Unterschrift. Eigentlich kann alles, was man schreiben, zeichnen, in Strichen oder Zahlen, in Buchstaben oder Symbolen darstellen kann, »übermittelt« werden. Die Abtastgeräte sind robust, die Mietbedingungen günstig; kein Wunder, daß diese schnelle Methode des »schriftlichen Telefonierens« einen Siegeszug ohnegleichen antrat.

Allerdings – ein Fax kann nur so gut sein wie die Vorlage, das Originaldokument. Wie das Schriftbild eines Telefax sinnvoll aufgebaut wird, zeigt diese kleine Zusammenstellung:

- Ein Fax muß die wesentlichen Daten – Firma, Telefon- und Faxnummer, die Vorwahl, die Durchwahl, die Bürozeiten, die Namen der Absender – enthalten.

- Ihre »normalen« Briefbögen sind für das Faxen bestenfalls bedingt geeignet. Die Schrift sollte mindestens 14 Punkt groß sein, d. h. etwa 4 mm für die Großbuchstaben und 3 mm für die Kleinbuchstaben. So können Sie mit einer gut lesbaren Qualität beim Empfänger rechnen.

- Kursivschriften sind schlechter zu lesen als normale Schriften – wenn man etwas herausheben will, sollte man unterstreichen. Gestalten Sie Ihre Schreiben so, daß Sie einen hohen Aufmerksamkeitswert erreichen.

- Sinnvoll ist die Angabe des Zeitraums, in dem der Ansprechpartner anwesend ist; z. B. Montag bis Freitag von 9–12 und 14–16 Uhr.

- Unterschriften sind oft unleserlich. Vergessen Sie daher nicht Ihren Namen und Ihre Funktion in Maschinenschrift anzugeben.

- Stellen Sie eine Rechnung per Fax, muß in dem Schreiben Ihre Bankverbindung (Bank, Bankleitzahl und Kontonummer) angegeben sein.

Einrichtungen zur Datenübertragung

Zwei Bereiche – die Sprache im Telefon und das Bild bzw. die Schrift im Telefax – habe ich Ihnen schon vorgestellt. Das, was wir jedoch unter »Datenübertragung« im allgemeinen verstehen, ist die Telefonverbindung zwischen zwei Computern bzw. Terminals.

Beispiele für eine computergestützte Datenübertragung sind die Verbindung mit einer Datenbank, die Verbindung innerhalb eines Filialstellennetzes oder zwischen der Stammfirma und einer Reihe von Nebenfirmen oder Verkaufsvertretungen.

Man unterscheidet »Wählleitungen«, also Verbindungen, die jedesmal neu angewählt werden müssen, und Standleitungen. Das sind festgeschaltete Linien, die für eine bestimmte Zeitdauer gemietet werden. Weitere Informationen können Sie den Broschüren der Anbieter entnehmen.

Die Möglichkeit der Datenübertragung per Telefon und Computer nutzen heute viele Versandhäuser für den Bereich der Bestellungen. Telefonische Bestellungen sind prinzipiell einfacher, schneller und billiger. Ist ein Telefonservice besetzt, können Besitzer eines Personalcomputers mit Modem-(Telefon-)Anschluß dennoch Bestellungen aufgeben oder aktuelle Angebote abfragen. Die Kommunikation ist hier auf den Bildschirm verlagert und kostet bei entsprechendem Service der Firma nur soviel wie ein Ortsgespräch. Das Kürzel der Zukunft heißt derweil ISDN (Integrated Services Digital Network).

Dieser Service erlaubt die Übertragung von Telefongesprächen, Teletex, Telefax, BTX, Computerdaten und Bildern über eine Anschlußleitung. Zwischenzeitlich bauen Netzbetreiber aus 20 europäischen Staaten ein »Euro-ISDN« auf.

Computergestütztes Telefonieren

Beim »computergestützten Telefonieren« – auch als *Telekommunikationstechnik* bezeichnet – sprechen wir wie bisher über den Telefonhörer. Der Telefonapparat ist jedoch mit einem Computer verbunden, der per Nummernspeicher und Fernübertragung Telefonnummern eingibt, sucht und wählt, uns auf Abruf Daten

auf dem Bildschirm zeigt – z. B. bisherige Bestellungen, Schrift-
verkehr oder Reklamationen.

In Zukunft wird sicher ein erheblicher Teil der telefonischen
Kommunikation über dieses System abgewickelt, Bestellungen
gar mündlich vom Computer entgegengenommen. Diese Voice-
Mail-Systeme wirken wie große Anrufbeantworter. Sogenannte
Sprachboxen können auch als »Gemeinschaftsboxen« ausgebaut
werden, die Nachricht wird dann an den richtigen unter vielen
Empfängern weitergeleitet. Eine Vorabbearbeitung von standar-
disierten Kundenanfragen ist möglich.

Der Einsatz dieser Technik im privaten Bereich ist durchaus im
Rahmen der Finanzierbarkeit. Ein PC mit einer Teilnehmerdatei
(alle wichtigen Daten befreundeter Personen) kann eine sinnvolle
Neuerung darstellen – beachten Sie aber grundsätzlich die Bestimmungen des Datenschutzes! Sehen Sie hierzu auch die Darstellungen auf Seite 67ff.

Wissenswertes rund um die Sondertechnik

Auch Telefonanlagen kann man versichern lassen. Wenn von Be-
nutzerseite die Geräte des Betreibers durch Feuer, Wasser oder
Diebstahl beschädigt oder zerstört werden, greift eine spezielle
Haftpflicht. Das ist besonders für teuere Spezialgeräte wesentlich.
Bislang noch nicht genannt, aber ebenfalls von Interesse sind
einige besondere Möglichkeiten der telefonischen Kommunikation.

Wer sich global informieren will, sollte einmal die ersten Seiten
des Telefonbuches aufschlagen. Hier findet man eine Fülle von
Informationen für den Einsatz des Telefons. Hier die wichtigsten
Spezialmöglichkeiten:

- Fernschreiber können auch heute noch in speziellen Bereichen
  preiswerter sein als Telefon oder Telefax. Dieser moderne Tele-
  graphenapparat mit hoher Durchgabegeschwindigkeit kann
  günstig Kurznachrichten und Bestellungen übermitteln.
- Reisekosten und Zeitaufwand lassen sich mit Konferenzge-
  sprächen minimieren, mehrere Personen konferieren miteinander über ein Telefonnetz. Beim Einsatz von Lauthörgeräten
  können sich je Anschluß auch mehrere Personen einschalten.

■ National und international über Satellit können Videokonferenzen Fernbesprechungen ermöglichen, bei denen gleichzeitig Dokumente und Muster präsentiert werden. Informieren Sie sich bei der Bundespost über die Anmeldung und die gültigen Gebühren.

■ Die Entwicklung des Fernsehtelefons läuft noch auf vollen Touren – zum Teil wurden jedoch schon gute Ergebnisse erzielt. Die Frage der Einführung hängt mit dem Preis, den Gebühren und der Nachfrage, teilweise auch aus dem privaten Bereich, zusammen. Dank der ISDN-Technik stellt die Übertragung von Bildern jedenfalls kein Problem mehr dar. Wer jedoch glaubt, er könnte seinen Gesprächspartner künftig in gewohnter TV-Qualität beobachten, wird enttäuscht sein. Zwar lassen sich auch bewegte Bilder übermitteln, doch erfolgt die Wiedergabe leicht verzerrt (in etwa vergleichbar mit Zeitlupe-Sequenzen im Fernsehen).

■ Der Bildschirmtext erhielt viele Vorschußlorbeeren. Mit einem entsprechenden Anschluß kann man bei Datenbanken verschiedener Informationsanbieter Fakten abfragen, auch Meldungen abgeben. Bildschirmtext/Videotext läuft über Telefon und ist dialogfähig, was z. B. bei Bestellungen von Vorteil ist.

Der »Telefonmarkt« ist interessanter geworden – Erfahrungen anderer Bereiche, bis hin zur Weltraumfahrt, drängen in die praktische Anwendung, auch im kleinen Rahmen. Alle Neuerungen helfen vor allem Zeit sparen, die Kommunikation verbessern, und damit die Lebensqualität erhöhen.

Die Vorzüge des Telefons

Lassen Sie uns an dieser Stelle zusammenfassen, was das Telefon, gleich welcher Ausstattung, privat und beruflich zu bringen in der Lage ist.

- Wir können praktisch zeitgleich Informationen austauschen und Einzelheiten, gleich welchen Bereiches, abklären.
- Nachrichten können hinterlassen werden, Bestellungen aufgegeben, Erfahrungen vermittelt.
- Der Kontakt kann eng und persönlich werden, die Stimme fungiert dabei als Übermittler von Stimmungen und Gefühlen.
- Die Beziehungen zwischen Personen und die Kommunikation schlechthin werden vereinfacht.
- Kreativität am Telefon hilft Begeisterung zum Kunden zu tragen, ihn zu überzeugen.
- Telefonieren fördert Inspiration, Selbstvertrauen, Aufmerksamkeit und Kompetenz, sich durchzusetzen.
- Zeigen Sie, daß der Telefonpartner Ihnen etwas bedeutet – er wird Ihnen entgegenkommen.
- Ein Telefongespräch hilft, zu überzeugen und glaubhafter zu werden. Dies führt zu langandauernden Beziehungen.

Durch den Einsatz eines Telefons inklusive Zubehör und Sondertechnik können Sie mit weniger Zeit und Mühe, mit weniger Kosten mehr erreichen. Außerdem läßt sich über den persönlichen Kontakt hinaus eine echte Beziehung zu unseren Partnern aufbauen, vertiefen und kontrollieren. Mit Hilfe des Telefons kann man mehr erreichen, persönlich und beruflich an Lebensqualität gewinnen.

Checkliste: Wie Sie Fehler beim Telefonieren vermeiden
Nachdem Sie nun eine Vorstellung der derzeitigen Technik
gewonnen haben, sollten Sie überlegen, was Sie beim Telefonieren voranbringt, und was Sie behindert. Denken Sie
dabei an Fehler in der Sprechtechnik, in der Telefonorganisation und im psychologischen Vorgehen.

Fehler in der Sprechtechnik
- Sprechen Sie laut, vor allem deutlich genug, und be-
  mühen Sie sich, gut zu artikulieren?   ☐ ja   ☐ nein
- Vermeiden Sie Gemurmel, nervöses Sprechen und
  Hastigkeit sowie das Verschlucken von End- und An-
  fangssilben?   ☐ ja   ☐ nein
- Ist Ihre Stimme zu laut, zu schnell oder zu monoton;
  strapazieren Sie damit andere ohne jede Notwendigkeit?
                        ☐ ja   ☐ nein
- Gliedern Sie beim Sprechen zu wenig, sind Ihre Sätze zu
  lang, zu schwerfällig und zu kompliziert, um verstanden
  zu werden?   ☐ ja   ☐ nein
- Bilden Sie Schachtelsätze, fallen Sie anderen ins Wort,
  übersprechen Sie sie, um sich durchzusetzen?
                        ☐ ja   ☐ nein
- Setzen Sie einen militärisch abgehackten Ton ein, um zu
  imponieren oder um den fehlenden Mut zu kompensie-
  ren?   ☐ ja   ☐ nein
- Sprechen Sie in einer Mundart, die Menschen aus ande-
  ren Landen nicht verstehen können?   ☐ ja   ☐ nein
- Sind Sie überfreundlich, vor allem beim Einsatz einer
  »Singtonstimme«, die empfindliche Ohren geradezu
  kränkt?   ☐ ja   ☐ nein
- Schneuzen, husten und niesen Sie in das Telefon, fangen
  Sie an zu stottern und lachen Sie hysterisch?
                        ☐ ja   ☐ nein
- Kauen, trinken oder rauchen Sie beim Telefonieren?
                        ☐ ja   ☐ nein

Fehler in der Telefonorganisation

■ Sind Sie zum Telefonieren richtig vorbereitet oder fehlen Adressen, Personen, die wesentlichsten Daten?

☐ ja ☐ nein

■ Fehlen Nummernregister oder Buchstabierlisten national und international? ☐ ja ☐ nein

■ Steht Ihr Telefonapparat fest genug? ☐ ja ☐ nein

■ Müssen Sie den Gesprächspartner warten lassen, weil wichtige Unterlagen nicht aufzufinden sind oder Sie weder Stift noch Notizblock zur Hand haben?

☐ ja ☐ nein

■ Können Sie jederzeit zu Kollegen oder anderen Nebenstellen durchstellen, oder fehlt Ihnen ein Mitarbeiterverzeichnis bzw. eine Liste der Kurzwahlnummern?

☐ ja ☐ nein

■ Halten Sie den Hörer so, daß Ihre Stimme immer deutlich von Ihrem Gesprächspartner vernommen wird?

☐ ja ☐ nein

■ Vergessen Sie Zwischenmeldungen, den versprochenen Rückruf, Namen, Vornamen, Postleitzahlen und andere wesentliche Daten? ☐ ja ☐ nein

■ Verwenden Sie beim Melden zu viele und zu verwirrende Bezeichnungen, die überflüssig und gespreizt wirken?

☐ ja ☐ nein

■ Vereinbaren Sie feste Rückruftermine? ☐ ja ☐ nein

Psychologische Fehler beim Telefonieren

■ Begrüßen Sie Personen am Telefon kalt, unfreundlich, stur und desinteressiert, nüchtern, trocken und unpersönlich? ☐ ja ☐ nein

■ Sind Sie unbeherrscht, unsachlich, wollen Sie immer recht haben? Werden Sie grob, wenn Sie sich nicht durchsetzen können? ☐ ja ☐ nein

■ Reagieren Sie bei Kritik gleich laut, werden Sie ungeduldig und pedantisch, vorschnell im Urteil, wenn etwas nicht klappt? ☐ ja ☐ nein

- Fangen Sie an zu meckern, beschuldigen Sie andere, wenn Sie selbst irgendeinen Fehler begangen haben?
  ☐ ja ☐ nein
- Verweigern Sie jede Anerkennung, sehen Sie immer nur das Negative, niemals das Positive an Menschen und Vorgängen? ☐ ja ☐ nein
- Knallen Sie den Hörer auf die Tischplatte, wenn Ihnen irgend etwas nicht paßt, oder lassen Sie sich besser gleich verleugnen? ☐ ja ☐ nein
- Erfassen Sie nicht das Wesentliche, sondern reden immer um den heißen Brei herum, ohne zu einer Entscheidung zu kommen? ☐ ja ☐ nein
- Gehören Sie zu den Dauertelefonierern, die in der Lage sind, für ein- und ausgehende Telefonate das ganze Netz zu blockieren? ☐ ja ☐ nein
- Unterbrechen Sie brüsk, wälzen Sie Verantwortung ab, reagieren Sie umständlich, ausschweifend oder zu knapp und unverständlich? ☐ ja ☐ nein
- Geben Sie vorschnelle Versprechungen ab, werden Sie dabei indiskret oder zu persönlich, zu übermäßig freundlich? ☐ ja ☐ nein
- Neigen Sie zu nichtssagenden Antworten?
  ☐ ja ☐ nein
- Lassen Sie Ihren Ärger mit Mitarbeitern oder Ihrer Familie an Telefonpartnern aus? ☐ ja ☐ nein
- Sprechen Sie unverständlich, oder bleiben Sie gar wortlos, so daß der Partner glauben muß, Sie wären gar nicht mehr da? ☐ ja ☐ nein

Diese kleine Auswahl – sie ließe sich beliebig erweitern – kann das Telefonieren zu einem Ärgernis werden lassen.

Aber Checklisten sind nicht nur dazu da, Fehler festzustellen, sondern auch gleichzeitig eine Ideallösung zu finden.

Wie lassen sich nun, falls Sie einen (oder viele) Telefonfehler angekreuzt haben, diese in Zukunft vermeiden?

Ganz einfach, versuchen Sie ab sofort das Gegenteil dessen zu machen, was sich als Fehler herausgestellt hat.

Nehmen wir zwei Beispiele aus »Fehler in der Sprechtechnik« (siehe Seite 37). Richtiges Verhalten wäre:

① Sprechen Sie mit angemessener Stimmlage, deutlich und gut artikuliert!

② Lassen Sie die Stimme klar und freundlich klingen, auch bei verbindenden Worten, bei Anfangs- und Endsilben!

usw.

…es gehört zu den Grundprinzipien eines jeden Trainings, daß Sie die Grenzwerte feststellen – positiv und negativ – und in dem Feld dazwischen Ihr persönliches Optimum finden.

So trainieren Sie Ihre »Fernsprechwirkung«

Stellen Sie sich bitte vor, Sie suchen eine neue, bessere Position. In der Ausschreibung ist der Name eines Ansprechpartners vermerkt, mit dem Sie telefonisch Verbindung aufnehmen können. Was tun Sie?

- Sie gehen völlig unvorbereitet an das Telefon und »rufen eben mal an«. Wenn es sich nicht gerade um untergeordnete Positionen handelt, haben Sie keine Chance, denn Sie werden schon ins Stottern geraten, wenn man Sie nach irgendeinem Detail Ihres Werdeganges fragt. Sie erkennen, daß die Vorbereitung, ein Skript, ein Programm und vieles andere mehr fehlen, vor allem aber die nötige Übung, um zu überzeugen.

- Und nun versetzen Sie sich in die Rolle eines Lehrers beispielsweise in der Erwachsenenbildung, der Studierende ausbildet und möchte, daß diese nach der Ausbildung auch gute Posten, Positionen mit Zukunft bekommen.
  Also werden Sie Ihren Schülern beibringen, was für eine erfolgreiche Bewerbung wichtig ist. Wesentlichste Bestandteile sind der schriftliche und der telefonische Kontakt.

- Zum Üben eignen sich idealerweise ein Partner und zwei Telefone, mindestens jedoch ein gutes Aufnahmegerät, um die Gespräche wieder und wieder abspielen zu lassen. Trainieren, üben, verbessern, optimieren Sie Ihren Telefonstil so lange, bis Sie sicher sind, »einen guten und überzeugenden Eindruck« zu hinterlassen. Dann schaffen Sie auch leicht den Schritt von der Bewerbung zur persönlichen Vorstellung.

■ Im folgenden Kapitel lernen Sie die Grundzüge der Telefonpsychologie und des persönlichen Telefonmarketing kennen. Psychologie gemeinhin ist die Lehre von der Seele, von den emotionalen Hintergründen – in unserem speziellen Fall der Telefonpsychologie das Wissen um die positive Beeinflussung von anderen, das Gewinnen von Sympathie per Telefon. Persönliches Telefonmarketing ist die Summe aller Maßnahmen, uns selbst möglichst gut »zu verkaufen«, zu beeindrucken.

Telefonpsychologie – privat und beruflich Sympathien gewinnen

Telefonieren ist – wie Sie wissen – eine besondere Form der Kommunikation. Mit Hilfe unserer Stimme, deren Klang, Ausbildung und Modulation sowie mit dem Inhalt des Gesprochenen vermitteln wir nicht nur einen persönlichen Eindruck, sondern auch Informationen. Mit diesen Komponenten und durch den Dialog an sich beeinflussen wir unseren Gesprächspartner.

Ziel ist immer, auch bei zunächst einmaligen Kontakten, die Ausbildung einer persönlichen Beziehung. Auf deren Basis kann eine fruchtbare Zusammenarbeit stattfinden, bei der die wesentlichen Ziele beider Partner erreicht werden sollen.

Die »individuelle Ebene« des Telefongesprächs

Kommunikation bedeutet – informationstheoretisch gesehen – die Übermittlung einer Nachricht (Information) zwischen einem »Sender« und einem »Empfänger«. Die Kommunikation kann direkt stattfinden (in einem persönlichen Gespräch) oder indirekt über ein technisches Gerät (z. B. das Telefon). Telefonieren heißt immer: indirekt und zweiseitig bzw. kooperativ zu kommunizieren. Beide Kommunikanten tauschen Nachrichten und Informationen aus, mit deren Hilfe der andere zu einer Aktion bewegt werden soll. Zur Verfügung stehen uns verbale Signale – die Sprache, deren Worte mit ihren Inhalten, dem Klang und der Modulation – sowie nonverbale Signale, zu denen die Körpersprache, die Mimik und Gestik gehören.

Das jeweilige Repertoire der verbalen und nonverbalen Signale bestimmt die Persönlichkeit und ist von hoher Individualität. Es unterscheidet die Menschen voneinander – jeder erzielt eine andere Wirkung!

Die Wortwahl, auch die Verwendung von Fachausdrücken ist von Wissen und Bildungsstand abhängig, der Satzbau, Klang und Aussprache von der landschaftlichen Prägung.

Am Klang der Stimme ist zu erkennen, wie die augenblickliche Stimmung ist, ob es jemandem gut oder schlecht geht. Die Sprachmelodie, der Rhythmus, die Sprechgeschwindigkeit und die Stimmlage ergeben zusammen eine intuitiv erfaßbare Aussage von hohem Informationsgehalt.

Diese nebensprachlichen Informationen haben wie die Körpersprache im direkten Gespräch eine nicht unbedeutende Wirkung. Wir erkennen am Ton, wenn die Sprecherin oder der Sprecher lächelt oder wenn die Haltung starr und verkrampft ist.

Der individuelle Ausdruck unserer Sprache zeigt, ob wir konzentriert sind, interessiert, mit dem »Gesagten« vertraut; eine flüssige, deutliche Sprache überzeugt. Das gilt noch stärker, wenn die Stimme angenehm und gelassen klingt, mit den richtigen Pausen und Betonungen. Eine aktive Körperhaltung, Mimik und Gestik übertragen über die Stimme ein Bild unserer Kondition, unseres augenblicklichen Befindens.

Der erste Eindruck am Telefon

Natürlich kommt es auch beim Telefonieren auf den ersten Eindruck an, auf den Einstieg.

Die Wortwahl, die Aussage, der Klang der Stimme und die Weitergabe von Stimmungen durch die Modulation müssen eine Einheit bilden, die eine persönliche Ausstrahlung möglichst mit suggestiver Kraft entwickelt. Aber lassen Sie uns zur »praktischen Telefonarbeit« übergehen.

Sie werden nun – in wechselnder Reihenfolge – üben,
- zu appellieren, z. B. durch die Bitte zuzuhören,
- eine Beziehung zu schaffen, um ernst genommen und verstanden zu werden,
- eine Ich-Botschaft zu vermitteln und
- letztlich einen Inhalt zu vermitteln.

Die drei Grundsätze

Sie wissen, daß eine positive, optimistische Stimmung für den Ablauf eines jeden Gespräches von größter Bedeutung ist.

■ Lassen Sie deshalb den Anrufer nicht länger als notwendig klingeln, denn dessen Stimmung wird mit jeder Sekunde schlechter, Ihre Chancen für ein erfolgreiches Gespräch geringer.

Nehmen Sie nun den Hörer ab – das Entgegennehmen eines Gespräches nennt man »passives Telefonieren« –, und melden Sie sich. Nicht geeignet ist die Gesprächsannahme mit »Ja, bitte« oder noch unpersönlicher mit »Hallo«. Selbstverständlich nennen Sie Ihren Namen.

Bei einem Firmengespräch wird der Unternehmensname zuerst genannt: laut genug, vor allem aber deutlich. Bei hausinternen Anrufen genügt Ihr persönlicher Name. Bei modernen Anlagen können Sie anhand einer Kontrollampe erkennen, woher der Anruf kommt. Bei anderen Anlagen läßt sich das Klingelzeichen unterscheiden. Sehr sinnvoll ist es, wenn Sie Ihren Namen mit Hilfe des nationalen und internationalen Telefonalphabets buchstabieren können:

	Inland	Ausland
A	Anton	Amsterdam
Ä	Ärger	
B	Berta	Baltimore
C	Cäsar	Casablanca
Ch	Charlotte	
D	Dora	Dänemark
E	Emil	Edison
F	Friedrich	Florida
G	Gustav	Galipoli
H	Heinrich	Havanna

	Inland	Ausland
I	Ida	Italia
J	Julius	Jerusalem
K	Kaufmann	Kilogramme
L	Ludwig	Liverpool
M	Martha	Madagaskar
N	Nordpol	New York
O	Otto	Oslo
Ö	Ökonom	
P	Paula	Paris
Q	Quelle	Quebec
R	Richard	Roma
S	Samuel	Santiago
Sch	Schule	
T	Theodor	Tripolis
U	Ulrich	Uppsala
Ü	Übermut	
V	Viktor	Valencia
W	Wilhelm	Washington
X	Xantippe	
Y	Ypsilon	Yokohama
Z	Zacharias	Zürich

- Bei Anrufen von außerhalb werden der Firmenname, gefolgt vom eigenen Namen, deutlich verstehbar genannt, auf Wunsch buchstabiert. Jeder Anrufer hat das Recht zu wissen, ob er die richtige Verbindung gewählt hat.

Rufen Sie selbst an, d. h., telefonieren Sie aktiv, ist die Namens-
nennung noch bedeutsamer, der Partner ist ja unvorbereitet. Eine
vollständige Meldung kann beispielsweise so aussehen:

> »Hacker GmbH, Schmidt am Apparat. Horst Schmidt. Ich
> rufe an, weil...«

Warum den Namen zweimal nennen? Durch die Nennung des
Vornamens ist die Wiederholung des Nachnamens gerechtfertigt.
Verwechslungen sind nun kaum mehr möglich. Auch Wortspiele
sind, in kurzer Form, akzeptabel. »Schmidt, mit i und dt« oder
irgendein Bezug auf eine prägnante und bekannte Person, auch
eine Angelegenheit. Achten Sie also bitte darauf:

- Ihre Gesprächspartner sind so anzusprechen, daß diese sich
  den Namen von Firma und Anrufer gut merken können. Das
  ist die Grundlage für den Aufbau einer Beziehung.

In einem nächsten Schritt müssen Sie den ersten persönlichen
»Telefoneindruck«, bestehend aus Appell und Ich-Botschaft, vertiefen, um über die neu entstandene Beziehung den Inhalt verständlich vermitteln zu können.

Telefonrhetorik: Aussageinhalt, Stimme und Gesprächsverhalten

Rhetorik ist, vereinfacht ausgedrückt, die Lehre von der wirksa-
men Vermittlung von Informationen zwischen einem Sprechen-
den und einem Hörenden. Eine Wirkung erzielen die Sprache
(Satzbau, Stil und Inhalt), die nichtsprachliche Körpersprache
sowie eine Fülle von nebensprachlichen Zwischenstufen, zu denen
der Klang, die Festigkeit oder das Vibrieren einer Stimme
gehören. Beim Telefonieren kommen vor allem sprachliche und
nebensprachliche Elemente zum Tragen. Auch das Herstellen
einer *Beziehung* gehört dazu:

Sie haben Ihre Partnerin, Ihren Partner nun zwar angesprochen, den Firmennamen, Ihren Namen genannt, aber noch nicht begrüßt.

Telefonieren Sie aktiv, können Sie Vorstellung, Begrüßung, das Knüpfen einer Beziehung und einen Hinweis auf den Aussageinhalt gut verknüpfen.

Die Partnerin, der Partner hat sich gemeldet, Sie wissen, mit wem Sie es zu tun haben:

> »Guten Morgen, Herr Huge. Hier ist die Hacker GmbH, Schmidt am Apparat. Ich habe Ihre Adresse von der Huber AG. Von dort weiß ich, daß Sie sich für unsere Anlagen interessieren ...«

Man muß ja nicht gleich mit der Tür ins Haus fallen und die Verkaufsabsichten an den Anfang stellen. Lassen Sie sich etwas Zeit. Eine wirkungsvolle Variante ist auch diese:

> »Guten Morgen, Frau Huber. Hier ist Meyer, Anne Meyer. Haben Sie einen kleinen Moment Zeit für ein Gespräch? Es ist wichtig ...«

Oder Sie stellen den *Aussageinhalt* mehr in den Vordergrund:

> »Guten Morgen, Herr Hanke. Hier ist EDV-Huber. Wickert, Ernst Wickert. Wir wissen, daß Sie ein bekannter EDV-Spezialist sind. Es ist bei uns gerade ein völlig neues Fensterbauprogramm herausgekommen ...«

Selbstverständlich gilt das Gesagte auch für den privaten Bereich. Es kann so einfach sein, sich als neuer Nachbar vorzustellen:

> »Guten Morgen, Frau Kellner. Hier Waller, Brigitte Waller. Ich bin seit gestern Ihre neue Nachbarin ...«

Selbstverständlich gibt es noch weitere Möglichkeiten, das Knüpfen von Beziehungen mit einem Hinweis auf den Aussageinhalt zu verbinden oder diesen selbst in den Vordergrund zu rücken, ohne Ihren Ansprechpartner zu »überrumpeln«.

Sie können beispielsweise

- Bezug nehmen auf ein Ereignis oder eine Veränderung,
- zur neuen Wohnung, zum neuen Auto gratulieren,
- den Nutzen der Beziehung aufzeigen,
- Interesse wecken,
- Anerkennung aussprechen,
- sich auf eine Referenz beziehen oder
- einen Hinweis auf ein Angebot geben.

Ob eine Begrüßung, Beziehungsaufnahme und Information Gefallen findet oder nicht, hängt oft von der *Klangfarbe der Stimme* ab. Die Kunst besteht darin, den »richtigen Ton« zu treffen. Am besten gelingt dies, wenn wir unseren eigenen, unverwechselbaren Stil finden. Technisch einwandfrei, persönlich optimal.

Wie schaffen wir das? Indem wir so natürlich wie möglich sprechen. Nicht übertrieben salopp oder geziert, oder gar geschraubt und arrogant. »Fehlfarben« in der Stimme (zu piepsig, zu hell oder zu dunkel) lassen sich ebenso wie zu langsames oder zu schnelles Sprechen durch Sprechtraining korrigieren.
Der Gesprächspartner und der Kunde müssen aus der Stimme ein Entgegenkommen heraushören. Denken Sie daran: Lächeln beim Telefonieren öffnet viele Türen. Achten Sie auch auf die Lautstärke Ihrer Stimme, und variieren Sie die Sprechgeschwindigkeit – bei bedeutsamen Passagen immer etwas langsamer.
Durch Stimmodulation kann man besondere Argumente, aber auch wichtige Begriffe hervorheben. Das Heben und das Senken der Stimme, ihre Lautstärke fördern überdies Aufmerksamkeit und Interesse.
Eine vorsichtige Anpassung an die Sprechweise des Partners ist immer positiv. Wir vermeiden so Ungleichgewichte, reizen den Partner nicht durch Gegensätze.
Sprechen Ihre Partner Mundart und Sie nicht, dann mäßigen Sie Ihre Sprechgeschwindigkeit, damit Sie verstanden werden. Es

wäre schade, an derartigen Kommunikationsproblemen zu scheitern!

Neben der Sprechgeschwindigkeit, der Klangfarbe, dem Ausdruck und der Modulation der Stimme ist das *Gesprächsverhalten* selbst von entscheidender Bedeutung. Damit werden Sie sich im Kapitel über Telefonmarketing (siehe Seite 79ff.) noch ausgiebig befassen. An dieser Stelle sollen nur die wesentlichsten Grundsätze genannt sein:

- Verwenden Sie weder Superlative noch unnötige Fremdwörter, sondern sprechen Sie eine klare Sprache, die alle verstehen.
- Füllwörter wie »meines Erachtens« u. dgl. sind überflüssig. Kurze und einfache Sätze wirken wesentlich konzentrierter und erhöhen die Aufmerksamkeit.
- Wichtig ist gutes Zuhören, bestätigen Sie immer wieder mit Bemerkungen wie »ja«, »das ist zu machen« oder »richtig«, wirken Sie jedoch nicht als Ja-Sager.
- Bei der Dialogführung ist es ratsam, darauf zu achten, daß auch schweigsame Partner zu Worte kommen. Trotzdem können Sie den Dialog beispielsweise mit Fragen steuern – wer die richtigen stellt wird überzeugen.
- So können Sie die Gesprächsführung scheinbar übergeben, indem Sie einige geschlossene Fragen stellen, die nur Antworten mit Ja zulassen.
- Grundsätzlich müssen Sie jedoch Ihrem Gesprächspartner die Möglichkeit zur Selbstdarstellung lassen, ihm eine Chance geben, sich zu qualifizieren. Aber auch hier kann durch eine geschickte Fragestellung – die Frage läßt mehrere positive Antworten zu – eine Gesprächssteuerung stattfinden.

Das Besondere an der Telefonrhetorik ist, daß wir sowohl Sprache als auch Inhalt immer einen Ton höflicher und überlegter präsentieren müssen als im direkten Gespräch und bei persönlicher Anwesenheit. Hinzu kommt psychologisches Fingerspitzengefühl, das ebenfalls über den Erfolg des Gespräches entscheidet. Schließlich kann der Partner Ihre Empfindungen nicht direkt sehen d. h. aus der Körpersprache ablesen, sondern er hört sie aus der Stimme heraus.

Positive Gesprächspräsentation

Was soll ein Telefongespräch erreichen? Es soll Sie an Ihre Ziele führen. Das hängt natürlich davon ab, ob es Ihrem Gesprächspartner »gefällt«. Fühlt Ihr Gegenüber sich während des Telefonates wohl, haben Sie die besten Chancen für einen Erfolg.

Achten Sie daher darauf, daß

- Ihr Partner nicht zu lange »schmoren« muß, bis er Sie erreicht. Denn wird jegliches Wohlwollen von vornherein solchermaßen untergraben, nützt oft die beste Gesprächsführung nicht mehr viel.
- Sie effektiv telefonieren. Das bedeutet Planung, Systematik und Optimierung der persönlichen Präsentation.
- Sie eine Nachricht hinterlassen, wenn Sie Ihren Partner nicht erreichen, oder einen zweiten Termin zu einem für den Partner möglichst günstigen Zeitpunkt anbieten.
- Sie »menschlich« ansprechbar sind, wenn Ihr Gegenüber sich Sorgen von der Seele reden will.
- falsche Wortwahl, unsachgemäße Anwendung von Fachbegriffen, ungeschickte Gesprächstechniken und Unsicherheit im Ausdruck vermieden werden.
- Sie Ihre Stimme richtig modulieren, nicht weitschweifig und belehrend sprechen und jede scharfe Reaktion vermeiden.

Ihre Person und Ihre Gesprächspräsentation werden nur dann als angenehm empfunden, wenn Sie Ihren Partnern das geben, was diese wünschen, bevor sie Sie darum bitten. Überlegen Sie einmal: Wollen Sie schlichtweg nur etwas verkaufen, oder können Sie nicht etwas anbieten, das dem anderen hilft, seine Probleme zu lösen?

Dieser Wunsch sollte die Hauptmotivation der weitaus meisten Telefongespräche sein. Wem dieses Angebot partout nicht gefällt, mit dem wird eine gedeihliche Zusammenarbeit oder gar Freundschaft nicht aufzubauen sein. Aber lassen Sie uns davon ausgehen, daß Sie ausreichend Interesse für Ihr Angebot wecken können.

- Sie müssen Dynamik und Stärke zeigen, eine aktive Ausdrucksweise verwenden.
- Argumentieren Sie überzeugend! Zeichnen Sie immer ein positives Bild der jeweiligen Sachverhalte, und bleiben Sie bejahend und konstruktiv.
- Sparen Sie nicht mit Anerkennung und Lob. Sie vergeben sich nichts dabei.
- Verwenden Sie bei fehlerhaften Darstellungen die Ja-aber-Technik. Damit stimmen Sie zu und korrigieren dennoch, ohne zu kränken oder zu belehren. Auch sind geschickte Ergänzungen besser als jede Verneinung.
- Zeigen Sie Ihrem Partner, daß Sie ihn akzeptieren und respektieren. Er darf niemals das Gefühl bekommen, von einem stärkeren Gegenüber »bedroht« zu werden.

Halten Sie sich an diese einfachen Regeln, können Sie leicht eine angenehme Gesprächsatmosphäre schaffen und ein positives Bild Ihrer Person und Ihres Anliegens entstehen lassen. Je liebenswerter, kompetenter, freundlicher und aufgeschlossener Sie aufgenommen werden, desto näher rückt der Erfolg. Das gilt selbstverständlich auch für den privaten Bereich, gerade in unserer so sachlichen Zeit, wo »cool sein« für viele Menschen eine Lebensmaxime bedeutet. Kaltschnäuzigkeit bedeutet jedoch in den meisten Fällen das Ende einer telefonischen Beziehung.

Checkliste: Stimmt Ihre »persönliche Telefonrhetorik«?

- Zeigen Sie die Grundeinstellung und innere Haltung, helfen zu wollen, und verzichten Sie auf das Zeigen von Macht und Aggressivität? ☐ ja ☐ nein
- Machen Sie die Probleme Ihres Partners zu Ihren eigenen, und versuchen Sie, sie zu lösen? ☐ ja ☐ nein
- Bereiten Sie sich innerlich so vor, als wäre der folgende Anruf der wichtigste des heutigen Tages? ☐ ja ☐ nein
- Sprechen Sie klar und verständlich, und passen Sie sich in Tempo und Art dem Partner an, um Mißverständnisse zu vermeiden? ☐ ja ☐ nein

■ Denken Sie schneller, als der Partner spricht, aber sprechen Sie langsamer, als dieser denkt?   ☐ ja   ☐ nein

■ Präsentieren Sie sich so am Telefon, daß man sich merkt, mit wem man gesprochen hat?   ☐ ja   ☐ nein

■ Buchstabieren Sie schwierige Wörter? Können Sie Begriffe exakt und verständlich erklären?   ☐ ja   ☐ nein

■ Schaffen Sie zu Beginn Ihres Telefonats eine Beziehung auf der Grundlage persönlicher Sympathie, und bestimmt diese Ihr Gesprächsverhalten?   ☐ ja   ☐ nein

■ Zeigt die Klangfarbe Ihrer Stimme, daß Sie bei aller Ernsthaftigkeit Humor haben und unverkrampft reagieren?   ☐ ja   ☐ nein

■ Zeigen Sie Aufgeschlossenheit, auch in persönlichen Dingen, Heiterkeit, vor allem aber Zielstrebigkeit, ohne zu übervorteilen?   ☐ ja   ☐ nein

■ Behalten Sie das Ziel Ihres Gespräches auch in schwierigen Situationen im Auge?   ☐ ja   ☐ nein

■ Zeigen Sie Fachwissen und Kompetenz, ohne aufdringlich zu wirken? Geben Sie klare Informationen und wecken Sie klare Vorstellungen?   ☐ ja   ☐ nein

■ Haben Sie die Bedürfnisse Ihres Partners klar erkannt, können Sie mit Ihren Aussagen den Kern der Angelegenheit treffen, Ihr Angebot präzisieren und unwiderstehlich werden lassen?   ☐ ja   ☐ nein

■ Hören Sie die wesentlichen Botschaften zwischen und hinter den Worten, können auch Sie solche Botschaften formulieren, die Ihren Worten besondere Bedeutung geben?   ☐ ja   ☐ nein

■ Setzen Sie Verständnisformeln ein, mit deren Hilfe Sie gefühlsmäßige Konfrontationen abbauen, um von vornherein Mißverständnisse aus dieser Richtung zu vermeiden?   ☐ ja   ☐ nein

Der Umgang mit schwierigen Telefonpartnern

Leider werden wir immer wieder mit Personen konfrontiert, die uns das Leben schwer machen wollen. Wie können wir mit ihnen umgehen, ohne daß wir unsere Lebensfreude und unsere Leistungskraft einbüßen? Wenn es möglich ist, streicht man unangenehme Personen einfach aus dem Leben. Wir kommen auch ohne sie zurecht, außerdem wollen wir uns nur mit Personen umgeben, denen wir und die uns freundlich gesinnt sind. Muß man jedoch immer wieder mit schwierigen und unangenehmen Personen umgehen, wie das meistens im Berufsleben der Fall ist, braucht man eine sehr hohe Frustrationsschwelle.

Wir alle haben in unserer Art, Gespräche zu führen, eine gewisse Bandbreite an Verhaltensweisen, die von flexibel bis stur reichen können. Treffen zwei Personen mit einer großen Bandbreite aufeinander, dann werden sie schnell Freunde werden, weil sie Gemeinsamkeiten entdecken. Sind die Bandbreiten in beiden Fällen aber eng, dann wird es zu Unverständnis, zu Auseinandersetzungen kommen.

■ Wir müssen deshalb unsere Bandbreite sehr breit halten, damit sich ein Partner mit engem Spektrum darin entfalten kann! Das bedeutet, daß Sie immer versuchen sollten, ein konstruktives Gespräch zu führen, gleich wie der Partner sich verhält.

Personen mit einem engen Spektrum lassen sich in der Regel nur schwer beeinflussen. Dennoch gibt es Wege, diese Menschen zu fassen. Damit Sie Ihre Strategie auf bestimmte Erscheinungsformen von Problempartnern ausrichten können, habe ich Ihnen die häufigsten »Typen« zusammengestellt.

Die Schweiger

Ihr Partner reagiert überhaupt nicht. Zeigt keine Aktivitäten, fragt nicht, kommentiert nicht. Sagt nur »hmmm«, meist nein, selten ja, Sie wissen nicht, woran das liegt. Was tun Sie?

- Sie stellen Aktivierungsfragen. Fragen, die nur ausführliche Antworten zulassen. So locken Sie Ihren Partner aus der Reserve.

- Sie verwenden sogenannte Eisbrecher-Formulierungen (»Sie sind ja sicher kein Unmensch«), um einen persönlichen Kontakt zu bekommen. Taut Ihr Gegenüber auf, präsentieren Sie kurz das, was Sie wollen!

- Manche Partner steigen in das Gespräch ein, wenn Marginalien und Nebensächliches zur Sprache kommen.

- Eine direktere Methode ist das Wechseln der Gesprächsebene. Kommentieren Sie, sprechen Sie über das Gespräch aus der »Vogelperspektive«, als ob ein Dritter Ihre ergebnislosen Bemühungen beobachten würde.

- Sie geben immer Feedback, so verhindern Sie, daß der einmal in Gang gesetzte Dialog nicht abreißt.

- Sie führen Ihren Partner durch bildhafte Darstellungen und plastische Schilderungen vom Hören zum Verstehen, von dort zum Einverstandensein.

- Große Schweiger darf man auf keinen Fall totreden und ihnen damit die letzte Chance nehmen, in das Gespräch zu kommen. Gehen Sie auf die kleinste Reaktion ein, damit der Partner sich entwickeln kann. Wenn Sie einen Schweiger einmal aktiviert haben, finden Sie in der Regel einen Freund für immer, denn man vertraut Ihnen.

Die Vielredner

Wer einen Monolog hält, hört nur sich gerne reden, aber Ihnen nicht richtig zu. Sie werden mitten im Satz unterbrochen, Ihr Partner stört Ihre Argumentation, unterbricht Ihre Fragen, wischt Ihre Einwände einfach weg: die Wortsalven scheinen nicht zu stoppen zu sein. Wie gehen Sie vor?

- Immer in einer Form, die nicht kränkt und Sie doch zu Wort kommen läßt.
- Sie dürfen sich das Gespräch nicht zu Beginn aus der Hand nehmen lassen. Steigen Sie mit der Bitte um Mitarbeit ein – erinnern Sie bei »Ausrutschern« Ihres Partners immer wieder daran.
- Die Planung des Gespräches – die Reihenfolge der Besprechungspunkte wird vorab mit dem Partner zwanglos vereinbart – läßt Sie gut zu Wort kommen und wertet die einzelnen Punkte auf.
- Vielredner dürfen in ihrem Verhalten keinesfalls verstärkt werden. Also lassen Sie keine unbedachte Zustimmung entschlüpfen.
- Sollte Ihr Partner dennoch in einen Monolog verfallen, sprechen Sie Ihn eindringlich mit seinem Namen an, sonst nichts. Dieser leicht zu verstehende Appell zeigt in der Regel sofort seine Wirkung.
- Nutzt alles nichts, rettet oft die Abwertungsmethode noch einiges: »Was Sie da vorbringen, das stimmt einfach nicht!« Ihr Partner wird neugierig werden, warum Sie diesen Standpunkt vertreten.

Die Themenwechsler

Es gibt Menschen, die sich grundsätzlich nicht an das Thema halten wollen – sie beißen sich an jeder Nebensächlichkeit fest. Kaum ist eine Thematik angeschnitten, schwenken sie auf ein anderes Thema über. Versucht man sie zu bändigen, sind sie gekränkt – jeder ihrer Beiträge erscheint ihnen bedeutsam.

So bekommen Sie die Themenwechsler in den Griff:
- Sie formulieren die Exkurse des Partners einfach auf Ihr Ziel um und versuchen so, ihn »einzufangen«.
- Legen Sie vorher ein Ziel fest, und vereinbaren Sie, daß Sie dieses gemeinsam anstreben wollen.
- Wenn Ihr Gegenüber wieder aus dem »Kurs läuft«, wechseln Sie die Gesprächsebene und stellen fest, daß Sie gemeinsam vom Weg abgekommen sind.

■ Vorwürfe helfen nichts, die Konfusion wird nur noch vergrößert. Themenwechsler brauchen etwas mehr Geduld, dann kann man mit ihnen schon zurechtkommen.

Die Ausweicher

Wir sollten bei dieser Spezies, die sich um jede Zusage drücken will, nicht vergessen, daß dieses Sich-nicht-fassen-Lassen ein Teil einer besonderen Taktik sein kann. Solche Menschen sagen immer »ja, aber« oder »man müßte mal«, schicken die anderen vor und freuen sich dann, wenn diese Federn lassen. Vorwürfe haben hier keinen Sinn, sie provozieren nur Gegenangriffe. Scheinzustimmungen und Bekräftigungen sind besser geeignet, damit läßt sich Ihrem Partner etwas Vernünftigeres entlocken. Warum sagen Sie nicht mal »Das ist schwer zu verstehen« oder »Das läßt sich nicht einfach beantworten« und schlagen so die Ausweicher mit ihren eigenen Waffen? Generell empfiehlt sich folgende Vorgehensweise:

■ Sie müssen diese Menschen auf eine Aussage festlegen, um eine verbindliche Aussage oder Zusage zu erhalten. Das läßt sich am besten erreichen, indem Sie an das Selbstwertgefühl appellieren.

■ Sie bitten um eine Meinungsäußerung und heben hervor, daß auf eine Entscheidung nicht verzichtet werden kann. Zeigen sich die ersten Ansätze, loben Sie die Art, sich eine Meinung zu bilden, und bewundern Sie die Entschlußkraft.

■ Eine weitere Verstärkung ist das Erinnern an alle die Fälle, in denen Ihr Partner – ob mit oder ohne sein Zutun – »recht behalten« hat. Suggerieren Sie, daß auch diesmal alles nach seiner Empfehlung wieder klappen wird.

■ Formulieren Sie Ihre Fragen bitte so, daß bereits in jeder Antwort eine Teilentscheidung enthalten ist. So können Sie Ihren Partner nach und nach festlegen.

■ Denken Sie daran, daß den Ausweichern jedes Schlupfloch zum Vertagen einer Angelegenheit dient. Nur wenn Sie Verantwortung übernommen und zu tragen haben, ist ein erfolgreiches Vorgehen möglich.

Die Sturen

Für viele Anrufer sind sie zum Verzweifeln, diese Menschen, deren Standpunkt durch nichts zu erschüttern ist. Die Sturen bringen immer wieder neue Beweise und Argumente dafür, daß ihre Position die einzig richtige ist und mit Nachdruck vertreten werden muß. Sie sind schwer zu packen, bauen Wälle um sich und sind skeptisch gegenüber jedem Fortschritt. Ursachen dieses Verhaltens sind oft mangelndes Selbstvertrauen und unterschwellige Ängste, die es zu erkennen und abzubauen gilt. Nur in einer vertrauensvollen Gesprächsatmosphäre läßt sich das Verhalten der Sturen allmählich »abpuffern«.

- ■ Unumgänglich sind Verständnis und ein positives Klima. Gehen Sie auf den Standpunkt des anderen ein, bevor Sie mit Argumenten kommen. Achten Sie auf jede positive emotionale Reaktion, auch auf nebensprachliches Feedback.

- ■ Wechseln Sie die Gesprächsebene, und aktivieren Sie die Gefühle des Partners, indem Sie über Ihre eigenen sprechen. So läßt sich eine minimale Verhandlungsbereitschaft herstellen, auf deren Basis zumindest Kompromisse zu erreichen sind.

- ■ Wenn Sie den Sturen mehrere kleine Erfolgserlebnisse verschaffen, können Sie mangelndes Selbstbewußtsein aufbauen und unterschwellige Ängste abbauen. Mit Ruhe und Geduld kommen Sie schließlich ans Ziel.

Die Aggressiven

Sie sind gekannt und gefürchtet. Die schwierigen Polterer reagieren völlig unsachlich, oft auch zynisch. Sie werden beleidigend und unangenehm laut und bedrohlich, weil sie meinen, damit mehr erreichen zu können. Man weiß in der Regel nicht, warum sie so reagieren, und geht auf Abwehrstellung, ist überrascht und verunsichert.

Die Agressiven sind oft sehr stolz darauf, was sie geleistet haben, und fühlen sich wenig anerkannt. Und genau hier können Sie telefonpsychologisch aktiv werden – verteilen Sie reichlich Anerkennung und Lob. Auf keinen Fall sollten Sie mit gleicher Münze heimzahlen oder nur passiv einstecken.

So kommen Sie am besten zurecht:

- In der Regel ist das Zähmen des »Angreifers« die günstigste Methode. Als erstes müssen Sie zeigen, daß man Sie auf diese Weise weder treffen noch kränken kann. Fragen Sie zum Beispiel, ob die Ihnen völlig unverständliche Reaktion darauf zurückzuführen ist, daß Sie zu einem unpassenden Zeitpunkt angerufen haben.
- Eine andere Methode ist die, den Aggressiven ihren Triumph scheinbar zu lassen. Viele dieser Typen werden nach dem ersten Poltern ganz umgänglich.
- Auch die wildesten Vertreter dieser Gattung wissen, daß sie sich bei dauernden unfairen Angriffen selbst disqualifizieren, und zeigen immer wieder Reue und Einsicht. Diese »friedlichen« Momente gilt es zu nutzen.
- Vergessen Sie nie, bei allen Ihren Anliegen die persönlichen Vorteile für Ihren Partner hervorzuheben. Zeigen Sie ihm Möglichkeiten, Lob und Anerkennung zu bekommen.

Telefonmarketing – erfolgreich verkaufen

Diese besondere Form des Verkaufs umfaßt alle Maßnahmen, mit Hilfe des Telefons eine betriebliche Leistung, gleich ob es sich um ein Produkt oder eine Dienstleistung handelt, zu fördern. Telefonmarketing ist ein wesentlicher Teil des Marketing-Mix, also aller Maßnahmen zur Förderung einer optimalen Gewinnbildung.

Hinter dieser Definition verstecken sich ganz unterschiedliche Tätigkeiten, z. B.

- die Annahme von Kundenanrufen und Aufträgen,
- Anfragen bei Kunden und Lieferanten,
- die Vereinbarung von Terminen und Treffen,
- Offerieren von besonders günstigen Angeboten,
- die Klärung von allen möglichen Sachfragen,
- nicht zuletzt auch Krisenmanagement in schwierigen Situationen.

Die Vorteile des Telefonmarketing liegen klar auf der Hand:

- Mehrere Gespräche können unmittelbar nacheinander geführt werden,
- Tips und Ergänzungen lassen sich schnell und preiswert direkt an den Empfänger vermitteln,
- dieser kann sofort rückfragen und Erklärungen erhalten.
- Kundenkontakte werden verbessert, die Betreuung optimiert,
- Besuchskosten eingespart, und nicht zuletzt können
- der gesamte Umsatz, vor allem aber die gewinnträchtigen Teile des Geschäftes, gesteigert werden.

Wirtschaftliches Telefonieren

Telefonmarketing kann nur effizient sein, wenn man die Grundzüge der Wirtschaftlichkeit kennt und einhält. Welches Unternehmen ist schon begeistert, wenn Telefonverkäufer stundenlange Gespräche führen, ohne daß Ergebnisse sichtbar werden. Telefongespräche müssen geplant ablaufen, man muß wissen, was man will und ob man es bei bestimmten Personen erreichen kann oder nicht. Je strukturierter die Vorgehensweise, je besser das telefonpsychologische Know-how (siehe Seite 43ff.) und je ausgeprägter der Instinkt ist, wem man was verkaufen kann, desto erfolgreicher wird das telefonische Marketing sein.

Was kostet ein Telefonkontakt?

Um einen Auftrag überhaupt zu bekommen, sind in der Regel Kontakte nötig, die zwischen 1000 und 5000 DM kosten, wenn es sich um größere Objekte handelt. Oft sind mehrere Besuche beim Geschäftspartner notwendig. Das bedeutet, daß kleinere Objekte auf diese Weise überhaupt nicht mehr wirtschaftlich verkauft werden können. Man muß also auf die schnelle, preiswerte und effektive Methode des Telefonierens zurückgreifen. Was kostet nun ein Telefonkontakt?
Eine qualifizierte Kraft wird heute in einem mittelgroßen Betrieb mit 60 DM pro Stunde an der untersten Grenze und mindestens 180 DM im oberen Feld berechnet. Das bedeutet je Minute 1 bis 3 DM. Bei einem sechsminütigen Gespräch sind das bereits »Betriebskosten« in Höhe von 6 bis 18 DM. Die Telefongebühren kommen hinzu: Im Mittel kann man – großzügig gerechnet – inklusive aller sonstigen Kosten 1 DM je Minute veranschlagen. So kostet ein Telefongespräch insgesamt etwa 12 bis 24 DM. Aber stellen Sie die tatsächlichen Kosten in Ihrem Unternehmen einmal selbst fest – lassen Sie sich die Gebühreneinheiten nennen, die vertelefoniert worden sind, die durchschnittliche Telefonierzeit und den mittleren Stundensatz der Mitarbeiter. Sie werden feststellen, daß die Betriebskosten gegenüber den Gebühren eine Relation von 3:1 bis 4:1 einnehmen.

Eindeutiges Ergebnis – zu Buche schlagen die Personalkosten und nicht die Gebühren. Natürlich kommen in einem Unternehmen auch da beachtliche Summen zusammen, auch hier wird man rationalisieren und sparen müssen. Die Wirtschaftlichkeit liegt jedoch in der Hauptsache in der richtigen Telefonorganisation und hohen Effektivität des Vorgehens.

So verbessern Sie Telefonorganisation und Effektivität

- Lassen Sie es sich nicht gefallen, daß Sie endlos weiterverbunden werden. Rufen Sie zuerst Vorgesetzte, und gehen Sie von oben nach unten vor! Sie können so eine halbe Stunde je Tag sparen und mehr!

- Fragen Sie immer nach dem Namen, und unterschätzen Sie nie den Einfluß von Sekretärinnen. Sie können Wege versperren! Lassen Sie diese glauben, daß Sie eine ganz wichtige Information haben!

- Versuchen Sie immer mit Direktwahl zu der Person durchzukommen, die Sie zu sprechen wünschen. Diese Nummern sind wichtige Informationen! Sie sparen viel Zeit.

- Suchen Sie Verbündete, indem Sie freundlich sind. Das ist heute so selten, daß Sie sicher auffallen. Und beachten Sie die Zeiten, in denen Sie Ihren Wunschpartner sicher antreffen – so brauchen Sie nicht mehrere Male anzurufen.

- Lassen Sie sich eine kurze und präzise Eröffnung, einen Aufhänger einfallen, auf den Ihr Telefonpartner reagiert. Telefonieren Sie immer aktiv, damit werden Sie schneller mehr erreichen.

- Gehen Sie auf den Charakter des anderen ein, mit ein wenig Psychologie sind auch schwierige Menschen zu gewinnen (siehe Seite 54ff.).

- Lernen Sie, Gespräche sicher zu führen, Ihre Gespräche werden kürzer werden, präziser und erfolgreicher. Geschickte Fragen zu stellen, das ist die Kunst der unterschwelligen Beeinflussung.

> ■ Formulieren Sie stets positiv, so lassen sich Widerstände leicht überwinden, und notieren Sie alle wichtigen Gesprächspunkte.
>
> ■ Überlegen Sie regelmäßig, welche Aspekte in Ihrem Vorgehen noch fehlen und was verbessert werden kann. Einmal Zeit aufwenden für eine Änderung kann diese hundertmal einsparen helfen.

Mehr Effektivität durch Vorbereitung

Stellen Sie bitte mal fest, mit wie vielen Telefonaten Sie nicht ganz zufrieden sind. Je höher Sie Ihre eigene Meßlatte ansetzen, um so größer wird natürlich diese Anzahl sein. Lassen Sie das auch, wenn möglich und angebracht, von einem guten Kollegen kontrollieren (Strichlisten).

Ist es jedes zehnte Gespräch oder jedes fünfte?

In der Regel werden ausgerechnet die schwierigen und die wichtigen Gespräche verpatzt. Oft liegt es an der mangelnden Vorbereitung, aber auch an persönlicher Versagensangst und individuell unterschiedlichem Erfolgszwang. Manchmal hilft es, gerade an die überbewerteten Gespräche locker und unverkrampft heranzugehen – vor allem dann, wenn Sie über Ihre persönlichen Denkfallen (zu ausgeprägtes Gewinnstreben oder Erfolgsdenken) stolpern.

Richtige Telefonorganisation hilft all jenen, die grundsätzlich von ihrem Telefonpartner überrollt werden, weil die passende Information, die angemessene Reaktion oder die »Infrastruktur« des Arbeitsplatzes fehlen. Hier hilft Planung und Überlegung und... Training, Training, Training (siehe Seite 66ff.).

Wer gezielt vorgeht, geplant und durchdacht, kann nach meinen Erfahrungswerten eine Effektivitätssteigerung von 10 bis 20 % erreichen. Bei einer schlechten Ausgangsbasis sind selbstverständlich höhere Raten möglich.

Checkliste: Effektivitätssteigerung durch Telefonieren

■ Haben Sie schon einmal ermittelt, wieviel Sie ein Telefonkontakt eigentlich kostet?   ☐ ja ☐ nein

■ Stellten Sie diese Kosten anderen Formen des Kontaktes gegenüber, z. B. einem Besuch, einer Reise?
☐ ja ☐ nein

■ Wissen Sie, wieviel Sie einsparen, wenn durch eine bessere Telefonorganisation die Gespräche zügiger abgewickelt werden?   ☐ ja ☐ nein

■ Kennen Sie genügend Möglichkeiten, Ihre Partner psychologisch geschickt zu behandeln?   ☐ ja ☐ nein

■ Setzen Sie die optimale Technik ein, bei der eine ideale Relation zwischen Kosten und Wirkung erreicht wird?
☐ ja ☐ nein

■ Ist Ihre Telefonorganisation auf Wirkung ausgerichtet, nicht nur auf Sparsamkeit?   ☐ ja ☐ nein

■ Verwenden Sie das Telefon dort, wo Sie mit anderen Kommunikationsmitteln keine oder nur eine mangelhafte Wirkung erhalten?   ☐ ja ☐ nein

■ Überprüfen Sie immer wieder, ob Sie nicht durch eine umfangreichere, gründlichere Vorbereitung »Telefonniederlagen« in Form von geplatzten Verhandlungen vermeiden können?   ☐ ja ☐ nein

■ Kennen Sie auch externe Möglichkeiten der Schulung am Telefon (siehe Seite 89)?   ☐ ja ☐ nein

■ Überlegen Sie regelmäßig im Team, wie Sie dieses Kommunikationsmittel wirksamer nutzen können?
☐ ja ☐ nein

Werbe- und Verkaufsgespräche sicher vorbereiten

Basisvoraussetzungen des Telefon-Verkaufsgesprächs sind eine gute Ausstattung des Telefonarbeitsplatzes (siehe Seite 22) und eine intensive Auseinandersetzung mit dem psychologischen Hintergrund eines jeden Telefongesprächs (siehe Seite 43ff.). Telefonmarketing kann passiv betrieben werden (inbound) oder aktiv (outbound). Bei der ersten Variante ruft der Kunde uns an, bei der zweiten wir ihn.

Telefonmarketing insgesamt unterliegt wie jede geschäftliche Tätigkeit dem Gesetz der Wirtschaftlichkeit. Mit geringstem Aufwand muß ein Optimum erreicht werden. Bevor ich Ihnen die Hauptelemente des Telefonmarketing vorstelle, sollten Sie einige Vorüberlegungen anstellen.

- Auch im Zeitalter des Computerarbeitsplatzes können Sie Einfälle während des Gesprächs und Details des Besprochenen schneller und sicherer auf einem Zettel festhalten als auf dem Bildschirm.

- Der Grundsatz, kein Telefongespräch ohne schriftliche Notizen zu führen, spart viel Zeit und Geld. Klar gegliederte Informationen und Gedanken helfen Ihnen vor, während und nach dem Gespräch. Ein Stichwortkonzept kann Sie sicher durch das Telefonat führen.

- Telefon und Arbeitsplatz müssen einsatzbereit sein – der Schreibtisch aufgeräumt, der Bürostuhl in richtiger Höhe und Einstellung, die Beleuchtung nichtblendend und angenehm. Hintergrundgeräusche sind ausgesperrt, das Telefon befindet sich in Griffnähe und ist fixiert, damit es nicht wegrutscht.

- Ihr Computer sollte so stehen, daß der Bildschirm weder blendet noch abgeblendet wird; einfallendes Licht sollte von links auf den Bildschirm treffen. Telefonkarte, Software mit Wahlautomatik, Kopfhörer und Sprechzeug sind bereit, eingesetzt zu werden. Neben der Tastatur ist genügend Arbeitsfläche, Werbeunterlagen, Prospekte und Kataloge befinden sich in Reichweite, alle Unterlagen sind vorbereitet.

Telefon- und Bildschirmskripts

Die beste Vorbereitung eines Gesprächs ist die Stichwortsammlung – in schriftlicher Form, wobei Sie einfach ein Blatt Papier verwenden oder Ihren Computerbildschirm einsetzen. Ziel ist bereits jetzt ein Telefonbeleg, der den zu erreichenden Abschluß definiert und etwaige Besonderheiten oder Abweichungen berücksichtigt. Gehen Sie dabei im Schritt-für-Schritt-Verfahren vor, um Ihr Telefonat wirkungsvoller gestalten zu können. Zunächst sollten Sie sich einen Ausdruck aus der Kundenkartei besorgen oder die Kundendaten auf dem Bildschirm aufrufen.

Die Kundenkarteikarte
- Name der Firma oder des Kunden,
- die Kundennummer,
- die Anschrift der Firma oder der Person,
- die Lieferanschrift,
- die Telefonnummer mit Durchwahl,
- Name und Titel des Ansprechpartners,
- die günstigste Anrufzeit bzw. bester Tag,
- Namen der Mitarbeiter, die den Kunden ebenfalls kontaktieren,
- benötigte Produkte, Dienstleistungen usw.,
- der geschätzte Bedarf des Kunden in einem bestimmten Zeitraum,
- Art des bisherigen Geschäftsverlaufes oder der Beziehung,
- bisherige Angebote und Aufträge mit Menge, Datum und Preis,
- der nächste Bedarfszeitpunkt,
- Liefer- und Zahlungsbedingungen,
- Reklamationen und das Verhalten des Kunden dabei,
- wichtige Daten (Jubiläen, Geburtstage usw.).

Die Kundenkarteikarte sollte immer zu den Akten des Kunden gegeben werden, so daß weitere Informationen jederzeit zugänglich sind.

Nun sollten Sie das eigentliche Skript erstellen, einen *Gesprächsplaner* »bauen«, der die Angaben Ihrer Kundenkartei ergänzt. Und zwar so, daß Abweichungen von den bisherigen Informationen festgehalten werden.

Folgende Punkte sollten in einem Gesprächsplaner enthalten sein (siehe die Muster 1 u. 2, Seite 69f.):

– das Gesprächsdatum und das eigene Zeichen,
– Kundenanschrift und Telefonnummer,
– Namen des zuständigen und des derzeitigen Gesprächspartners,
– Wesentliches aus dem bisherigen Geschäftsverlauf und der jetzigen Situation (in Stichworten),
– der Gesprächsaufhänger,
– mindestens ein konkreter Vorschlag mit Nennung der Vorteile,
– Besonderheiten einer erfolgversprechenden Vorgehensweise,
– Auflistung möglicher Einwände mit den wirksamsten Erwiderungen in Stichworten,
– Raum für Bemerkungen und Vorschläge sowie
– Notizen über durchgeführte Zusatzgespräche mit Kurzzeichen der Betreffenden.

Sicher hat eine solche Standardisierung auch Nachteile – Fehler können lange mitgeschleppt werden –, die Vorteile überwiegen jedoch. Der Gesprächsplaner steigert die Effektivität und bringt Ordnung in die Auftragsbearbeitung und Kundenbetreuung.

Muster: Gesprächsplaner 1

Datum/Uhrzeit

Anzurufende Firma:

Sachbearbeiter:

Vorwahl:
Telefonnummer:
Durchwahl:

Ziele:

Hauptziel:

Sekundärziele:

Vorgehensweise:

Bisherige Angebote:

Bedarfsmenge und Bedarfszeitpunkte:

Reklamationen:

Zahlungsweise:

Zeichen des Bearbeiters:

Muster: Gesprächsplaner 2

Datum/Uhrzeit

Anzurufende Firma:

Sachbearbeiter:

Vorwahl: Telefonnummer: Durchwahl:

Zu behandelnde Punkte:

Zielvorstellung:

Bisherige Kontakte:

Aufhänger:

Vorschläge:

Vorteile:

Mögliche Einwände:

Ergebnis:

Zeichen des Bearbeiters:

Weitere Telefonformulare und deren Einsatz

Viele Betriebe verlangen aus Gründen der Rationalisierung und Kontrollmöglichkeit eine Vereinheitlichung des internen Schriftverkehrs.

Häufig findet man folgende Arten von Formularen:

- *Telefonnotizen* werden verwendet zum Festhalten von Datum, Uhrzeit, Firma, Sachbearbeiter und Grund des Anrufes. Sie dienen der Information eines abwesenden Kollegen oder als Belege der Tagestätigkeit.

- Ausführliche *Kontaktberichte* stellen bestimmte Fälle nachvollziehbar dar. Neben den allgemeinen Daten ist vor allem die Begründung wesentlich, aus welchen Gründen es zum Abschluß oder Nichtabschluß des Geschäfts gekommen ist.

- Außerdem können, wenn Telefonmarketing umfangreich zur Steigerung des Verkaufes eingesetzt wird, *Stunden-* und *Tagesberichte, Aktionsberichte, Wochen-Leistungsberichte* oder *Monatsberichte* eingesetzt werden. Die Ergebnisse der verschiedenen Telefonkontakter sind dann vergleichbar und können einer Kritik unterzogen werden. So sind auch kleine Mängel schnell zu erkennen und auszugleichen.

Checkliste: Stimmt Ihr Telefonskript?

- Haben Sie Ihr Telefonskript in Ziele, Vorgehensweise und spezielle Bearbeitung unterteilt? ☐ ja ☐ nein
- Überlegen Sie regelmäßig, wie Sie die Begrüßung, die Vorstellung von Name und Sachverhalt verbessern können? ☐ ja ☐ nein
- Verwenden Sie Begriffe, die dem Partner geläufig sind, die er kennt und die ihm etwas bedeuten?
  ☐ ja ☐ nein
- Kennen Sie alle Vorteile des Angebotes, das Sie abgeben wollen? ☐ ja ☐ nein
- Haben Sie die Argumente zusammengestellt, mit deren Hilfe Sie Ihr Vorhaben durchsetzen wollen?
  ☐ ja ☐ nein
- Stimmt der Inhalt der Aussage, kann ihn der Zuhörer auch aufnehmen? ☐ ja ☐ nein
- Verwenden Sie bei wesentlichen Teilen Wiederholungen, um sie als Verstärker Ihrer bisherigen Argumentation einzusetzen? ☐ ja ☐ nein
- Führen Sie aktiv zum Gesprächsziel? Nutzen Sie die Erfahrung, daß am Telefon Entscheidungen schneller getroffen werden? ☐ ja ☐ nein
- Haben Sie für die Verabschiedung eine persönliche, freundlich klingende Schlußformel, die dem Partner hilft, Sie gut in Erinnerung zu halten? ☐ ja ☐ nein
- Sind alle Fakten im Skript enthalten, wird es regelmäßig überarbeitet, verbessert und ergänzt? ☐ ja ☐ nein

Inhalt, Appell und Botschaft des Telefon-Verkaufsgesprächs

Im beruflichen Telefonat müssen nicht nur das Sprechen, sondern auch das Gesprochene bestimmte Kriterien erfüllen. Erforderlich ist ein bewußtes, gezieltes Gespräch, bei dem ein meist vorgegebenes Resultat erreicht werden soll. Erfolg und Mißerfolg durch »freies Telefonieren« dem Zufall überlassen, heißt Risiken eingehen, die einen auch den Arbeitsplatz kosten können. Vor Beginn Ihres Verkaufsgesprächs müssen Inhalt, Appell und Botschaft feststehen.

- Der *Inhalt* Ihres Verkaufsgesprächs betrifft das Angebot oder die Vereinbarung, die Sie treffen wollen. Das sind die Fakten, die Sie übermitteln wollen. Der Inhalt muß klar sein, Sie müssen wissen, was Sie verkaufen. Falls nötig, ist eine wiederholte Auseinandersetzung mit dem Produkt oder der Dienstleistung erforderlich.
  Der Inhalt allein wird Ihnen jedoch nichts nützen, wenn Sie ihn nicht entsprechend präsentieren können. Der Kunde muß eine Botschaft erkennen.

- Die *Botschaft* ist der »verpackte Inhalt«, schon für den Empfänger hergerichtet, garniert mit einer positiven Gesprächsatmosphäre, eingehüllt in ein gemeinsames Gesprächsziel und geschmückt mit bildhaften Darstellungen. Sie richtet sich an den nüchternen Verstand und an die Seele gleichermaßen. Mit der richtigen Präsentation des Inhalts zeigen Sie, daß Sie zuverlässig sind und professionell. Daß Sie in der Lage sind, einzuhalten, was Sie versprechen.

- Der *Appell* ist die aktive Bitte um Beschäftigung mit Ihrer Botschaft. Sie bitten um Vorschläge und Anregungen, auch während der Präsentation, Sie ermutigen zur Stellungnahme. Sie bedanken sich für jede Reaktion und belohnen jedes Zuhören, jedes Wort mit einem Lächeln, einer angenehmen Frage, einer Zustimmung oder einem Kompliment. So nehmen Sie Ihrem Partner die Passivität und begeistern ihn für Ihre Sache.
  Der Appell zielt auf die Zustimmung, den Kauf, das Akzeptieren des Angebotes. Er zeigt die Botschaft von den besten

Seiten und ermuntert zuzugreifen. Appelle erhöhen den Wert des Gebotenen so weit, daß es zu einer Übereinkunft kommt.

Wie Sie diese drei Bereiche richtig miteinander verzahnen können, zeigt Ihnen die folgende Übung – sie setzt auf das »Imaginieren« eines Ergebnisses, die Vorstellung dessen, was man erreichen will, im Vorfeld der Aktion.

Übung 1

Stellen Sie sich vor, Sie wären in einem Seminar über Telefonmarketing. Sie sollen eine der folgenden Aufgaben bearbeiten: etwas verkaufen, einen Ärger aus der Welt schaffen oder einen Kontakt anbahnen.

- Schreiben Sie zunächst Ihr Ziel, den Inhalt der gewählten Aufgabe mit maximal 5 Stichworten mitten auf ein DIN-A4-Blatt. Dort steht es nun, sichtbar, klar, nicht mehr wegzumogeln.

- Und nun schließen Sie bitte die Augen, und stellen sich einige Sekunden vor, welche Gefühle Sie haben, wenn Sie das Ziel erreicht, die Aufgabe erfüllt haben, von allen Seiten bewundert werden.

- Nun öffnen Sie bitte die Augen wieder und überlegen, wie Sie den Inhalt verpacken können – schreiben Sie bitte links von Ihren Stichworten alle Vorteile, die das Erreichen des Zieles bringt.

- Dann rechts davon alle Wege und Maßnahmen, die Sie für eine wirksame Präsentation einsetzen wollen. Verbinden Sie die Möglichkeiten untereinander und mit dem Ziel.

- Nun betrachten Sie diese Botschaften aus verschiedenen Blickwinkeln, aus dem des Empfängers und dem Ihres Chefs.

- Dann formulieren Sie anhand dieser Stichworte den Appell, der auch gewichtigen Gegenargumenten gewachsen ist.

Übrigens, der Einsatz von Karteikarten und Telefonskripts eignet sich auch gut für den privaten Bereich und ist bei allen Telefongesprächen von Bedeutung. Und das Imaginieren ist eine Basistechnik des mentalen Trainings, die praktisch immer funktioniert und zur Klärung von vielerlei Problemen verwendet werden kann.

Resultate durch zwischenmenschliche Beziehungen

Bei jeder Arbeit, die Sie erledigen, bei jedem Werk, das Sie schaffen, können Sie nur dann Erfolg haben, wenn Sie eine tiefe Beziehung dazu haben, zu den Inhalten, den Zielen, den Werkzeugen, den Werkstoffen. Und Sie brauchen eine Beziehung zu den Menschen, mit denen Sie zu tun haben. Dabei müssen Sie, um Resultate zu erreichen, oft um die Entstehung und Erhaltung einer positiven Beziehung ringen.

Diese Verhaltensweisen helfen Ihnen, eine positive Beziehung aufzubauen:

- Vermeiden Sie Mißverständnisse aller Art, und achten Sie auf nebensprachliche Signale (siehe Seite 47).
- Eine langfristige Beziehung vor Augen zu haben, hilft die Unpersönlichkeit des ersten Kontakts zu verringern.
- Seien Sie positiv und geben Sie ausreichend Feedback.
- Versuchen Sie, Ihren Partner kennenzulernen und zu verstehen.
- Um eine fruchtbare und kooperative Beziehung aufzubauen, dürfen Sie Ihre eigenen Interessen nicht vergessen.
- Zeigen Sie Ihrem Telefonpartner, daß es Ihnen ernst ist mit der Beziehung. Er sollte Ihnen für die Dauer des Gesprächs wichtiger sein als alles andere.
- Aufrichtigkeit und Genauigkeit schaffen Vertrauen und einen »guten Ruf«.

Telefongespräche richtig beenden

Anfang und Ende eines jeden Telefongesprächs sind wie bei jeder Verhandlung oft bedeutender als die Mitte. Haben Sie sich richtig eingeführt – namentliche Vorstellung, Inhalt, Botschaft und Appell Ihres Anliegens freundlich und zuvorkommend vermittelt –, bleiben, handelt es sich nicht nur um einen Informationsaustausch, zwei Möglichkeiten: Sie erreichen, was Sie wollen, oder Sie scheitern. In beiden Fällen müssen Sie weiterhin Hilfsbereitschaft zeigen und dürfen die Nerven nicht verlieren.

Das Beenden von Gesprächen will trainiert sein, denn in dieser Phase ist die nervliche Belastung am höchsten. Das Bangen um den Auftrag darf sich keinesfalls über die Sprechweise auf den Kunden übertragen, er würde es Ihnen nur als Unsicherheit auslegen. Am besten halten Sie sich an diese Vorgehensweise:

- ▪ Trennen Sie die Abschlußphase nicht vom vorausgegangenen Gespräch, sondern leiten Sie über, führen Sie schrittweise zum Höhepunkt – der Zustimmung. Es ist ratsam, frühzeitig die Neigung zur Zustimmung zu erfassen und durch geschickte Fragen zu einer Artikulation zu bringen.

- ▪ Veranlassen Sie Ihre Partnerin, Ihren Partner dazu, daß er die beste Lösung finden hilft oder sie sogar allein findet. Die Zustimmungsbereitschaft läßt sich mit Fragen zu Nebenpunkten, denen leichter zuzustimmen ist, kontinuierlich erhöhen.

- ▪ Alternativfragen führen zu Teilentscheidungen. Suggerieren Sie eigenes Vertrauen, setzen Sie aussagestarke Referenzen ein. Relativieren Sie vor allem Preise, wenn diese genannt werden müssen, indem Sie die Haupt- und Nebenleistungen besonders hervorheben.

- ▪ Entgegenkommen ist immer dann angebracht, wenn ein Kompromiß anstelle eines negativen Ergebnisses stehen kann.

Haben Sie gewonnen, so dürfen Sie Ihre Freude nur dann zeigen, wenn auch der Partner Gewinner ist. Also gratulieren Sie, stapeln Sie selbst in den eigentlichen Belangen etwas tief – zufriedene Partner sind immer gute Partner. Betonen Sie Gemeinsamkeiten und Vorteile für den Partner, aber nicht zu lange – es könnte ja sein, daß sie oder er es sich anders überlegen. Ein rechtzeitiger Abschluß des Gesprächs kann das verhindern.

Am besten ist es, alle Vereinbarungen (auch die Bestätigung!) zum Schluß Schritt für Schritt – entsprechend den Notizen – zu wiederholen. Der Partner hört noch einmal, was vereinbart wurde, kann korrigieren oder bestätigen. Wenn nötig, stellen Sie die Vereinbarungen noch einmal schriftlich dar und lassen sie dem Kunden zukommen. Das erhöht das Vertrauen und signalisiert Souveränität.

Das Timing

Statistiken sagen, daß beruflich vormittags zwischen 9 und 11 Uhr, nachmittags zwischen 14 und 15.30 Uhr am meisten telefoniert wird – diese Zeiträume können durchaus als »Stauzeiten« aufgefaßt werden.

Das zeigt einerseits, wie stark das Telefon beruflich genutzt wird, und andererseits, wie groß die Konkurrenz sein kann. Rufen Sie vor 9 Uhr an, riskieren Sie, daß Ihr Partner noch nicht »ansprechbar« ist, weil unvorbereitet oder weil seine Arbeitszeit erst um 9 Uhr beginnt.

Anrufe in der Mittagszeit sind wenig empfehlenswert, weil Sie entweder stören oder niemanden antreffen. Nach 15.30 Uhr ist die Wahrscheinlichkeit hoch, »ins Leere« zu telefonieren oder Ihrem Partner den verdienten Feierabend zu beschneiden. Welche Tageszeit ist die erfolgversprechendste für ein Telefonat? In der Regel der Zeitraum zwischen 10.45 und 11.15 Uhr. Das gilt in erster Linie für Erst- und Blindkontakte. Ansonsten machen Sie Termine aus – es ist erstaunlich, wie viele leitende Personen nach 18 Uhr noch im Büro sind. Ebenfalls ein geeigneter Zeitpunkt, um gute und störungsfreie Gespräche zu führen.

Heikler ist die Frage nach der optimalen Dauer von Telefongesprächen.

Kürzer telefonieren hat eine Fülle von Vorteilen. Man wirkt sicherer und überzeugender, kann leichter führen, vor allem bei Abschlüssen bestimmender sein. Wenn Sie zum längeren Telefonieren neigen, dann lassen Sie sich zur nächsten Gelegenheit zwei 3-Minuten-Sanduhren schenken. Während die erste abrinnt, müssen Sie Sympathie gewonnen, eine Beziehung hergestellt und Informationen ausgetauscht haben. Wenn die erste leergelaufen ist, sollten Sie schon beim Abschlußgespräch sein. Die zweiten 3 Minuten sind ein Maximum.

Übung 2
Nehmen Sie eine Tonbandkassette und sprechen einen Dialog auf Band. Sie werden staunen, wie viel man in 30, maximal 50 Sekunden sagen kann. In dieser Kürze kann man weder langweilen noch zu viel Unsinn oder Überflüssiges sagen. Steigern Sie im Laufe der Zeit die Dauer der Aufnahme, bis Sie 3 bis 6 Minuten erreichen.

Für normale Geschäftsgespräche sind 3–6 Minuten ein guter Schnitt.

Dennoch müssen Sie sich für wichtige Gespräche die nötige Zeit nehmen, um überhaupt die Chance zu haben, ein außerordentliches Ergebnis zu erreichen. In diesen Fällen darf Zeit keine Rolle spielen. Auch bei allen Telefonaten, die der regelmäßigen Kontaktpflege dienen – einmal im Monat oder pro Quartal. Das sind Gespräche, die uns beruflich oder persönlich weiterbringen, die der weiteren Zusammenarbeit erst ihre Würze geben. Von Fall zu Fall kann es ratsam sein, einen Gesprächsplaner einzusetzen (siehe Seite 68). Oft ist jedoch das lockere Gespräch aufschlußreicher.

Wie Sie Störungen beim Telefonieren bekämpfen können

Jedermann weiß, daß er nur das, worauf er sich voll konzentriert, optimal ausführen kann. Vielleicht haben Sie bei der Darstellung der Telefonarbeit mit Kopfhörer und Sprechzeug (siehe Seite 25) geschmunzelt. Kopfhörer und Mikrophon sind jedoch ein guter Schutz vor Störungen – man wird Sie in Ruhe lassen, wenn es irgendwie geht. Haben Sie ein eigenes Bürozimmer, hilft bereits das Schließen der Tür.

Komplizierter liegt der Fall, wenn Sie es mit notorischen Störern zu tun haben. Dazu zählen Kollegen und vor allem Vorgesetzte.

Das ist nicht nur Mißachtung und Desinteresse gegenüber dem anrufenden Kunden, sondern auch dem Mitarbeiter gegenüber. Und ein Verstoß gegen die Grundsätze einer effektiven Arbeit überhaupt. Oder sind derartige Störungen einfach ein Zeichen von schlechter Kinderstube?

Schieben Sie in diesen Fällen dem Störer einen Zettel und Stift zu, und erbitten Sie sich eine schriftliche Mitteilung. Sie können auch sagen: »Tut mir leid, aber auf Sie und den Anrufer zugleich kann ich mich nicht konzentrieren!« Diese Version empfiehlt sich jedoch nicht bei einen Vorgesetzten! Dann sollten Sie besser sagen: »Entschuldigen Sie einen Moment, Frau/Herr..., aber mein Chef will mir unbedingt etwas sagen!«

Schlimmer ist es, wenn Sie zwei Apparate auf dem Schreibtisch haben, die immer gleichzeitig lärmen. Allzulange Wartezeiten verärgern den Anrufer – dann besser zeitweilig den zweiten Hörer neben den Apparat legen.

Professionelle Gesprächsführung durch positives Telefonieren

Der Grundtenor eines jeden Telefonats ist, sich selbst und das Unternehmen positiv zu präsentieren. Als positiv empfunden werden Zuvorkommenheit, die auf Können basiert, und die vollständige Vertrautheit mit den zu verkaufenden Produkten oder Leistungen. Allein mit Freundlich-Sein und Sich-Bedanken ist es allerdings nicht getan. Ihre gesamte Verhaltens- und Denkweise muß von der Aufgabe, die Sie erfüllen wollen, und von dem Wunsch, eine gute Beziehung aufbauen zu wollen, geprägt sein. Als »Philosophie« bietet sich das »Positive Denken« an, dessen Grundannahme ist, daß man mit Optimismus mehr erreicht. Natürlich kann Optimismus allein, ohne den nötigen Hintergrund an Wissen und Können, Ausdauer und Fleiß, nichts ausrichten. Gepaart mit Kompetenz ergibt es jedoch eine hochwirksame Mischung. Eine positive Einstellung kann Menschen überzeugen und Gespräche zum beabsichtigten Erfolg führen. Welche Formulierungen eine positive Einstellung widerspiegeln und von Ihrem Partner bejahend aufgenommen werden, zeigt folgende Gegenüberstellung:

positive Wirkung	negative Wirkung
»Ich bemühe mich!«	»Nichts zu machen.«
»Das kann man lösen.«	»Wir sind nicht schuld!«
»Ich verstehe Sie gut.«	»Wer hat bloß diesen Mist gebaut!«
»Wir liefern in der . . . Woche!«	»Diese Woche auf keinen Fall, in der nächsten auch nicht.«
»Moment, ich frage mal!«	»Ich kann Ihnen das nicht sagen . . .«
»Ich verbinde mit Frau/ Herrn . . ., sie/er weiß Bescheid!«	»Ich weiß das nicht.«
»Frau/Herr . . . kommt voraussichtlich gegen 15 Uhr zurück!«	»Frau/Herr . . . ist nicht da!«
»Das geht leider nicht, weil . . ., es bietet sich aber der folgende Weg an . . .«	»Das ist völlig unmöglich!«
»Ich verspreche, das Mögliche zu versuchen . . .«	»Ich kann rein gar nichts versprechen!«
»Sie haben eine hochwertige Lösung gewählt!«	»Das wird teuer!«
»Die Nachfrage ist gut, erfreulich für uns . . .«	»Sie müssen mit einer sehr langen Lieferfrist rechnen.«
»Sie können die Aufgabe gut lösen!«	»Sie müssen mit dem Problem fertig werden.«
»Wir haben da eine gute Weiterentwicklung . . .«	»Als Ersatz können wir anbieten . . .«
»Ich habe mich da nicht präzise genug ausgedrückt!«	»Sie haben das falsch verstanden . . .«
»Ich werde Frau/Herrn . . . informieren, wenn sie/er zurückkommt, sie/er wird Sie dann auf alle Fälle zurückrufen!«	»Tut mir leid, ich kann Frau/ Herrn . . . nicht stören!«

Gesprächseinstieg und Überleitungen

Positive Aussagen, auch einfache Formulierungen erleichtern nicht nur jede Telefonverhandlung, sondern bringen Ihnen auch Sympathie und Anerkennung.

Alles, mit dem Sie aktiv oder passiv konfrontiert sind, ist in Bewegung. Sie werden daher niemals zurechtkommen, wenn Sie starr vorgehen. Viele negativen Aussagen werden akzeptiert, wenn sie nur richtig verpackt sind.

Leiten Sie deshalb dort, wo es angebracht ist, mit einem positiven Satz ein, der ein wenig wie ein Kompliment wirkt!

»Frau Meiner, schön, daß Sie einen Moment Zeit für mich haben...«

»Herr Huber, ich weiß, Sie sind sehr beschäftigt – nur eine Minute...«

»Was Sie sagen, ist interessant...«

»Wir können Ihnen da sicher entgegenkommen...«

»Wie lösen Sie derartige Probleme?«

»Wie denken Sie in dieser Frage?«

»Das hat für Sie den folgenden Vorteil...«

»Wenn Sie so vorgehen, sparen Sie...«

»Das steigert Ihre Chancen...«

»Ich teile Ihre Zuversicht...«

»Sie schaffen das auf alle Fälle...«

»Das dient dazu, schneller voranzukommen...«

»Sie haben recht...«

»Was Sie sagen, deckt sich mit meiner Meinung...«

»Ich kann das gut verstehen...«

»Mir ist klar, daß Sie hier im Vorteil sind...«

»Ich kann das gut nachempfinden...«

»Das überrascht mich nicht...«

»Sie sind doch die zuständige Dame...«

»Ich weiß, Sie sind die rechte Hand von...«

Meiden Sie diese Formulierungen

Oft werden unbewußt Formulierungen eingesetzt, die aufgrund ihres negativen Gehalts ein Gespräch scheitern lassen oder vorzeitig »abwürgen«.

Sie können diese Formulierungen getrost Gesprächskiller nennen – mancher Kunde wird sie zunächst ignorieren, den Kontakt aber langsam einschlafen lassen. In vielen Fällen jedoch wird weit weniger Rücksichtnahme zu erwarten sein: Der Kunde legt auf – warum sich mit jemandem abgeben, der kein Benehmen hat?

Forsten Sie also Ihre Telefonsprache sorgsam nach solchen versteckten Eigenfallen durch, bevor sie zuschnappen.

»Ihre Ansicht ist reichlich antiquiert...«
»Ich bin skeptisch, ob Sie das schaffen...«
»Das traue ich Ihnen nicht zu...«
»Ich kann mir nicht vorstellen, wie Sie damit zurechtkommen wollen...«
»Das ist so nicht richtig...«
»Wenn Sie die Unterlagen genau durchgelesen hätten, wüßten Sie...«
»Da hatten Sie wohl keine Zeit dazu?«
»Wo Sie diese Zahlen herhaben, ist mir schleierhaft...«
»Das müßte Ihnen doch klar sein...«
»An Ihrer Stelle würde ich...«
»Wer hat Ihnen diesen Blödsinn erzählt?«
»Aus Ihrer Position können Sie das nicht anders sehen...«
»Das muß ich erst mal richtigstellen...«
»Ich weiß, Sie geben Ihr Bestes, aber...«
»Ihr Vorgänger kam aber damit besser zurecht...«
»So etwas Unmögliches habe ich noch nie gehört...«
»Wie lange werden Sie diesmal wieder dazu brauchen?«
»Das geht ganz einfach, man muß nur wissen wie!«
»Es ist schwer, mit Ihnen zurechtzukommen...«

Checkliste: Führen Sie professionelle Telefongespräche?

▪ Können Sie am Telefon eine breite Palette von Gefühlen vermitteln? ☐ ja ☐ nein

▪ Können Sie Ihrem Partner Bilder vermitteln?
 ☐ ja ☐ nein

▪ Betrachten Sie das Telefonieren als ein interessantes Abenteuer, das Sie mit Freude und Begeisterung meistern wollen? ☐ ja ☐ nein

▪ Schaffen Sie es, eine Beziehung so aufzubauen, daß ein partnerschaftliches Zusammenarbeiten möglich ist?
 ☐ ja ☐ nein

▪ Passen Sie sich in der Sprechweise, ja im gesamten Kommunikationsmuster derart an, daß Sie die ganze Aufmerksamkeit des Partners gewinnen können?
 ☐ ja ☐ nein

▪ Nehmen Sie während des Telefonats eine entspannte Körperhaltung ein, die Ihre Stimme freundlich klingen läßt? ☐ ja ☐ nein

▪ Lächeln Sie beim Telefonieren so, daß man es auch »auf der anderen Seite« merkt? ☐ ja ☐ nein

▪ Verwenden Sie nur positive Formulierungen?
 ☐ ja ☐ nein

▪ Sprechen Sie so, daß man Ihnen glaubt, daß Sie Erfolg haben wollen und Halbherzigkeit Ihnen fremd ist?
 ☐ ja ☐ nein

▪ Verwenden Sie Begriffe, die bekannt sind, und verzichten Sie auf Floskeln mit unklarem Aussagewert?
 ☐ ja ☐ nein

▪ Gehen Sie trotz aller Geduld mit sich selbst wie auch mit den Partnern so vor, als wäre es sicher, daß Sie alle Ihre Ziele auch erreichen? ☐ ja ☐ nein

▪ Widmen Sie Ihren Partnern auch dann Aufmerksamkeit, wenn Sie wenig Zeit haben? ☐ ja ☐ nein

▪ Reagieren Sie immer freundlich, angemessen und flexibel, so daß Ihr Gesprächspartner spürt, wieviel das Gespräch Ihnen bedeutet? ☐ ja ☐ nein

- Können Sie Ihr gesamtes Selbstbild, alle Gedanken und geistigen Bilder auch in Streßsituationen aufrecht halten?   ☐ ja   ☐ nein
- Ist Ihr Telefonierstil intuitiv geworden – können Sie damit spielen und ihn variieren?   ☐ ja   ☐ nein

So verhalten Sie sich richtig – Fallbeispiele

Die Bestellannahme

Nichts einfacher, als eine Bestellung anzunehmen, werden Sie vielleicht sagen. Sicher, der Kunde will ja etwas von Ihnen. Dennoch können Sie jede Menge Fehler begehen. Sie können den Kunden durch technische Details verwirren oder durch Bürokratismus verärgern. Sie können die Anfrage an der falschen Stelle unterbrechen, keine Alternativen parat haben, sich überfahren lassen oder andere überfahren.

Firmen leben davon, daß eine rege Nachfrage nach ihren Produkten und Leistungen besteht. Und je besser die Nachfrage, desto höher auch Ihr Gehalt. Wenn Sie sich an die unten genannten Grundsätze halten, werden die Kunden gern bei Ihnen bestellen und Ihren Erfolg steigern.

- Freuen Sie sich über jede Bestellung, seien Sie zuvorkommend, freundlich und höflich. Fragen Sie immer nach dem Namen des Bestellers, wenn nur die Firma genannt wird.
- Jeder Posten muß sorgsam erfaßt werden. Hören Sie konzentriert zu, und wiederholen Sie das Notierte deutlich, um sofortige Korrekturen vornehmen zu können.
- Rabattsätze für Bestellmengen oder Preisstaffelungen müssen Sie aus dem Effeff beherrschen. Weisen Sie den Besteller sofort darauf hin, wenn er durch eine kleine Mehrbestellung bessere Konditionen erhält.
- Will der Kunde etwas bestellen, was nicht in Ihrem Sortiment enthalten ist, bieten Sie selbstverständlich eine Alternativ-

lösung an, deren Vorteile gegenüber dem gewünschten Artikel Sie sachlich, aber werbend darstellen.

- Bringen Sie auch andere, ergänzende Produkte/Leistungen ins Spiel, auf deren Verkaufserfolg Sie hinweisen. So sind zusätzliche Umsatzsteigerungen möglich. Vergessen Sie die Absprache der Liefertermine nicht!

- Überzeugen Sie sich, daß Lieferadressen, Art und Umfang der Lieferung mit früheren Bestellungen übereinstimmen. Ist das nicht der Fall, halten Sie Rücksprache mit der angegebenen Firma – um nicht mißtrauisch zu wirken, lassen Sie sich noch einmal die (verlegte) Adresse durchgeben und fragen nebenbei, ob die aufgegebene Bestellung auch gewünscht wird.

- Bedanken Sie sich für den Auftrag, auch wenn er klein war, denn das Gewinnen eines neuen Kunden ist meist viel aufwendiger als die Betreuung eines alten.

- Kennen Sie die »schwarzen Listen« Ihres Hauses? Kunden, die nicht mehr beliefert werden dürfen, weil die Zahlungen ausblieben? Solche Besteller müssen Sie höflich abweisen oder – falls noch Spielraum vorhanden – eine akzeptable Lösung aushandeln.

Die Kundenreklamation

Wie können Sie sich in wenigen Minuten einen guten Geschäftspartner per Telefon zum Feind machen? Indem Sie ihm eine Reklamation nicht abnehmen und weitere Negativverhalten an den Tag legen.

Ein typischer Fall aus dem Alltag: Frau/Herr... ist mit der gelieferten Ware nicht einverstanden. Der Kunde reklamiert telefonisch und stößt auf folgendes:

- »Das ist unvorstellbar, mir (uns) noch nie passiert!« – man unterstellt ihm unlautere Motive. Der Kunde ist verunsichert und beginnt, sich zu ärgern.

- »Da muß bei Ihnen aber ein böser Fehler passiert sein!« – man hält ihn für dumm, ungeschickt und dazu noch bösartig!

- Der Kunde trifft auf einen knallharten, coolen und sachlichen Mitarbeiter, der ihn nach Nebensächlichkeiten fragt und auf das Problem nicht eingehen will – er fühlt sich hintergangen.

- Der Sachbearbeiter wimmelt den Kunden mit nichteinhaltbaren Versprechungen ab oder vermittelt ihn zu Kollegen, die mit dem Fall nichts zu tun haben. Der Kunde muß sich die Mühe machen, schriftlich zu reklamieren – er stellt die Geschäftsbeziehung in Frage.

Um solche Reaktionen beim Kunden zu vermeiden, ist es ratsam, sich absolut ruhig und sachlich mit der Reklamation zu beschäftigen.

Wie jedes erfolgreiche Verhandeln sollte auch die Kundenreklamation dem Grundmuster der kooperativen Vereinbarung folgen: »Einstellung finden – Zuhören – eine Beziehung herstellen – die Lösung herbeiführen – das Ergebnis bestätigen – Zusagen einhalten«. Dabei ist es wichtig, die Verhandlung langsam aus dem emotionalen Bereich in den sachlichen überzuführen, denn mit Vernunft lassen sich alle Probleme besser lösen.

- Lassen Sie bitte niemals einen reklamierenden Anrufer »auflaufen«, sondern zeigen Sie Interesse und Verständnis für die Reaktion: »Worum handelt es sich?« – »Ich verstehe Ihren Ärger gut!«
- Nehmen Sie bitte jede Beschwerde ernst, und sagen Sie das dem Kunden auch.
- Unterbrechen Sie den Kunden zunächst nicht – er soll sich erst mal den Kummer von der Seele reden. Versuchen Sie dann dem Übel auf die Spur zu kommen. »Wie zeigt sich der Schaden?« Notieren Sie die Aussagen sorgsam, damit Sie einen Überblick und eine spätere Kontrollmöglichkeit bei Wiederholungsfällen bekommen.
- Zur weiteren Klärung des Falls empfiehlt es sich, einen Rückruftermin zu vereinbaren, der innerhalb eines akzeptablen Zeitraums liegen und das Ergebnis der Reklamation mitteilen sollte.
- Halten Sie diesen Zeitraum genau ein! Wer ein Reklamationsproblem schnell und sicher erledigt, wird immer geachtet.
- Sollte eine Zusage nicht verwirklichbar sein, dann rufen Sie früher an und erklären dem Kunden, warum die Vereinbarung nicht funktioniert.

▪ Nach Abschluß der Angelegenheit erkundigen Sie sich bitte immer nach der Zufriedenheit des Kunden, um Hindernisse für weitere Kontakte aus den Weg zu räumen.

Außenstände einfordern

Bei einigen Firmen ist die Unsitte verbreitet, Ausgaben zu vertuschen, indem die Buchhaltung keine Aufträge zur Rechnungsbegleichung erhält. Der Lieferant hat das Nachsehen und muß jene Summen, die ihm ohnehin zustehen, in oft langwierigen Reklamationsprozessen einfordern. Hier gilt es rasch zu handeln, denn Außenstände können den Gewinn eines Unternehmens beachtlich mindern. Angesprochen werden muß die verantwortliche Person – der Abteilungsleiter, der Geschäftsführer –, die hinter dieser Entscheidung steht. Mittels Telefon können Sie diese Entscheidungsträger besser »packen« als auf schriftlichem Weg; Briefe und Mahnungen bleiben oft liegen. Im persönlichen Gespräch sind jedoch bestimmte Tugenden wie Ehrlichkeit und Seriosität besser ansprechbar, der Schuldner wird sich mit der Zeit verpflichtet fühlen.

Auf derartige Telefonate muß man sich gründlich vorbereiten, denn man will ja das Geld erhalten, aber den Kunden nicht verlieren. Sie müssen also genau wissen, worum es geht, und das Verhalten des Schuldners genau einschätzen können.

Ich empfehle Ihnen diese Vorgehensweise:

▪ Untersuchen Sie zunächst die Ursache der Zahlungsverzögerung genau – hat Ihre Firma die Leistung erst später oder noch nicht erbracht, erübrigt sich eine Zahlungsaufforderung von selbst.

▪ Informieren Sie sich dann, welche Schritte bereits unternommen wurden; so können Sie die passenden Beeinflussungsmöglichkeiten gezielt auswählen.

▪ Vergewissern Sie sich, wer zuständig ist und wer eine Entscheidung zur Zahlung zu treffen hat. Nur wenn Sie den richtigen Partner finden, können Sie Erfolg haben.

▪ Stecken Sie sich nun ein Hauptziel, das absoluten Vorrang hat, z. B. die unverzügliche Zahlung der Summe. Bleiben Sie aber realistisch, nicht immer wird dieses Ziel zu erreichen sein.

■ Erwägen Sie daher auch untergeordnete Ziele – Teilzahlungen oder andere zufriedenstellende Ergebnisse.

■ Mit Hilfe eines Gesprächsplaners (siehe Seite 68) sollten Sie die wichtigsten Gegenargumente und Ausreden durch schlagfertige Antworten entkräften. Im Gespräch können Sie dann gut kontern.

■ Während des Gesprächs bleiben Sie freundlich, aber bestimmt und unnachgiebig. Appellieren Sie an das schlechte Gewissen des Kunden, und schildern Sie auch die entstehenden Schwierigkeiten in Ihrer Abteilung.

■ Sitzen Sie keinesfalls über den säumigen Kunden zu Gericht, sondern verhandeln Sie mit Geschick. Beispielsweise können Sie aufzeigen, welche Vorteile entstehen, wenn sofort gezahlt wird. Oder Sie erarbeiten mit dem Schuldner einen Plan, wie er in Zukunft besser zurechtkommt.

■ Haben Sie eine telefonische Vereinbarung getroffen, empfiehlt es sich, eine schriftliche Gesprächsnotiz nachzureichen, die die Vereinbarung wiederholt. Diese Art von Protokoll hat die Wirkung einer Erinnerung.

■ Gehen keine Zahlungen ein, rufen Sie erneut an und fragen danach, ob ein Scheck oder eine Überweisung unterwegs ist. Seien Sie etwas nachdrücklicher als das erste Mal. Denken Sie immer daran, daß Sie Ihr Unternehmen vor Verlusten bewahren wollen. Gegebenenfalls müssen Sie rechtliche Schritte androhen, spätestens wenn man Sie mehrere Male »versetzt« hat.

Telefonservice

Kundenservice zählt bei allen Unternehmen zu den notwendigen und wichtigen Einrichtungen. Die klassische Einteilung unterscheidet zwischen Außendienst und Innendienst. Während der Außendienst in erster Linie Verkaufs- und Vertriebsaufgaben oder Reparaturdienste zu erfüllen hat, wird der Innendienst zu unterschiedlichen Anteilen für die Kundenbetreuung eingesetzt. Je nachdem, wie groß der Stamm an Privatkunden ist, variiert auch die Größe des Telefonservices. Bei einer geringen Beschäftigungszahl übernehmen Marketing- und Vertriebsangestellte die

Aufgaben der Kundenbetreuung mit – sie stehen für alle Anfragen als Ansprechpartner zur Verfügung. Darüber hinaus ist
jeder Beschäftigte als Kundenbetreuer zu betrachten, wenn sein
Spezialwissen gefragt wird. Eine besondere Form des Telefonservices ist die Kundenbetreuung durch die Abteilung für Wer-
bung und Öffentlichkeitsarbeit. Dabei werden Zufriedenheit,
Verbraucherverhalten und statistische Hintergrundvariablen
(Alter, Geschlecht, Einkommen, Beruf) erfragt. Auch Aktionen
wie Preisausschreiben, Umfragen und Verlosungen gehören dazu.

Jeder der mit Aufgaben des Telefonservices konfrontiert ist, muß
sich darüber im klaren sein, daß seine Art des Umgangs mit den
Kunden das Unternehmen und dessen Stil repräsentiert. Je ge-
duldiger man ist, je freundlicher und zuvorkommender, desto
stärker wird die Bindung des Kunden an das Unternehmen sein.
Das gilt natürlich auch für ausgefallene Wünsche, die man oft
mit der nötigen Kreativität erfüllen kann. Bei Fragen, die durch
einen Fachmann beantwortet werden müssen, sollte die Weiter-
vermittlung selbstverständlich sein. Auch die Nennung von
Adressen (Spezialisten, Verbände, Organisationen) hilft dem
Kunden.

Ein kurzes Wort an Unternehmer

Haben Sie schon einmal überlegt, in Ihrem Geschäftsbereich verstärkt Telefonmarketing einzusetzen und Ihre Mitarbeiter gründlich zu schulen? Die Vorteile liegen auf der Hand. Sie steigern
Ihre Effektivität und verschaffen Ihren Mitarbeitern eine qualifizierte Fortbildung. Obendrein wird das Betriebs- und Arbeits-
klima durch eine solche Schulung verbessert: Die Arbeit macht
mehr Spaß, weil etwas Sinnvolles gelernt wurde. Es gibt verschie-
dene Möglichkeiten zur Mitarbeiterschulung:
Sie holen sich einen Spezialisten ins Haus, der z. B. im Rahmen
der Unternehmensberatung (fragen Sie dazu Ihre Handwerks-
kammer, die Industrie- und Handelskammer oder das RKW-
Rationalisierungskuratorium der deutschen Wirtschaft; Haupt-
sitz in Eschborn bei Frankfurt/Main) eine solche Fortbildung
durchführt. Das RKW zahlt zur Zeit einen Beratungszuschuß

von etwa 350 DM. Fachdozenten finden Sie auch im Verzeichnis der Volkshochschule oder an jeder Handels-, Berufs- oder Werbefachschule. Sie können Ihre Mitarbeiter natürlich auch zu Kursen bei diesen Institutionen schicken, die Gebühren sind meist gering. Die kleinste Leistung für den Mitarbeiter besteht darin, per Aushang oder schriftliche Mitteilung wenigstens konkrete Fortbildungsmaßnahmen zu nennen, die Ihres Erachtens besuchenswert sind.

Auf einen Blick:
Die Grundregeln wirksamen
Telefonierens

Beim Telefonieren gilt mehr als in anderen Bereichen, daß eine noch so gute technische Lösung erst durch das Verhalten des Menschen, der sie bedienenden Person zu dem wird, was sie ist. Technik plus Wissen, plus Können, plus Fertigkeiten, plus psychologisch und ethisch richtigen Einsatz bringt uns das, was wir unter Fortschritt verstehen sollten. Die Technik hat den Menschen zu dienen, nicht umgekehrt.

① Das Telefon ist eine der bedeutsamsten positiven technischen Errungenschaften – es hilft uns zeitgleich über große Strecken Nähe zu finden. Sie wollen damit auf Menschen Einfluß gewinnen, ihre Achtung, Sympathie, ja Zuneigung erwerben.

② Ohne ideale Hilfsmittel können Sie keine optimale Wirkung entwickeln. Vervollkommnen Sie deshalb Ihren »Telefonarbeitsplatz« mit sinnvollen Hilfen. Müheloses und schnelles Wählen, ergonomisches Sitzen, Einrichtungen zum besseren Hören und Sprechen sind wesentliche Schritte.

③ Führen Sie immer, aktiv oder passiv, Dialoge, bei denen beide Partner gleichermaßen zu Wort kommen können. Das gilt bereits für die Begrüßung und die Vorstellung, mit denen ein Kontakt beginnt und eine Beziehung aufgebaut werden soll. Zeigen Sie sich schon in den ersten Sekunden sympathisch.

④ Bereiten Sie sich auf ein jedes Telefongespräch so vor, als wäre es von außerordentlicher Bedeutung. Schaffen Sie sich aussagefähige Kundendateien bzw. -karteien, und formulieren Sie in einem Telefonskript sowohl Gesprächsaufhänger als auch die wesentlichen Ziele, Abläufe, Argumente und Erwiderungen.

⑤ Verlassen Sie sich nie darauf, daß Ihnen »schon das Richtige einfallen wird«. Vermeiden Sie während des Gesprächs zu große Denkpausen oder gar mürrische Reaktionen, wenn Sie überrascht werden. Bereiten Sie den Inhalt so vor, erarbeiten Sie die Botschaft und den Appell so gut, daß Sie Ihre gesamte Präsentation darauf stützen können.

⑥ Vermitteln Sie ein positives Bild von sich und dem, was Sie mitteilen wollen. Eine angenehme Botschaft wird durch den Klang der Stimme, durch Timbre und Tonfall getragen sowie durch eine klare und verständliche Sprache. Vergessen Sie nie – man muß sich positiv an Sie erinnern!

⑦ Verwenden Sie Mentaltechniken zur Verbesserung Ihrer Telefonstrategie. Mit Imaginieren und der Betrachtung aus verschiedenen Blickwinkeln können Sie Mängel entdecken und so lange an der Verbesserung feilen, bis Sie selbst eine hervorragende Wirkung feststellen!

⑧ Streben Sie immer Glaubwürdigkeit an und lernen Sie, zuzuhören und Verständnis zu zeigen. Das ist der Weg, Vertrauen zu gewinnen, ohne das keine langfristige und gute Zusammenarbeit möglich ist. Stimmen Sie sich deshalb auch im härtesten Geschäftsalltag auf Ihre Partner ein.

⑨ Lassen Sie Vorsicht walten bei allen Ratschlägen, die Sie von irgend jemandem erhalten. Womit andere Erfolg hatten, das muß bei Ihnen noch lange nicht wirken. Jede Strategie muß von Ihnen persönlich vertreten werden können, d. h., Ihr Vorgehen muß zu jeder Zeit zu Ihnen passen, mit ihrem Gesamtverhalten, Ihrer Persönlichkeit eine Einheit bilden.

⑩ Unterschätzen Sie scheinbar Nebensächliches nicht. Ein falsches Wort bei der Begrüßung, ein leichtes Zittern der Stimme bei der Argumentation kann Ihre Bemühungen ebenso zunichte machen wie ein genervter Ton bei Preisverhandlungen. Vermeiden Sie Extreme wie Ängstlichkeit und zu große Forschheit.

⑪ Das Telefon ist ein Erfolgsinstrument – Sie können mit seiner Hilfe etwas bewirken, aber auch Ihr Selbstbewußtsein durch Erfolgserlebnisse stärken. Denken Sie daran, daß Telefonieren sowohl eine nutzbringende Angelegenheit sein kann als auch ein Abenteuer. Alle »hörbaren« Feinheiten unseres Seins werden übertragen.

⑫ Sie bringen nicht nur Fachwissen, Können und bestimmte Fertigkeiten ein, sondern auch Ihre Intuition, Ihre Emotionen. Sie präsentieren sich und erhalten ein Bild von anderen. Sie werden nicht nur Erfolg haben, sondern auch Spaß, eine Übertragung der Lebensfreude erleben.

Literaturverzeichnis

Bluhm, Horst: Professioneller Telefonverkauf heute, WEKA
Finkenrath, Rolf: Aktiv verkaufen vom Schreibtisch, Verlag Moderne Industrie
Flemming, Michael: Schnellkurs zum Telefon-Profi, BVB
Harutunian, Margard: Erfolgreich telefonieren, WRS
Hofacker, Gabriele: Telefonmarketing, Heyne
Leicher, Rolf: Noch besser telefonieren, Sauer
Motamedi, Susanne / Eling, Udo: Wirkungsvoll telefonieren, Econ
Pfeil-Braun, Helga: Erfolgreich schreiben – erfolgreich telefonieren, Verlag Moderne Industrie
Scheitlin, Victor: Meisterhaft telefonieren, Taylorix
Walther, George: Phone Power, Econ
Weber, Michael R.: Telefonmarketing, Econ
Zarro, Richard A. / Blum, Peter: Den richtigen Draht finden, mvg

Register

Weitere Titel aus dem humboldt-Programm zum Thema Beruf